Cuisine Express au Micro-Ondes

Des Recettes Rapides et Délicieuses pour les Gourmands Pressés

Sophie Leclerc

Table des matières

Soupe de pommes de terre à l'italienne 13
Soupe aux tomates fraîches et au céleri 14
Soupe aux tomates avec vinaigrette à l'avocat 15
Soupe froide au fromage et à l'oignon 16
Soupe au fromage à la suisse 17
Soupe Avgolémono 18
Velouté de Concombre au Pastis 19
Soupe au Curry avec du Riz 20
Vichyssoise 21
Soupe froide de concombre au yaourt 22
Soupe froide d'épinards au yaourt 23
Soupe aux tomates glacées au xérès 24
Chaudrée de poisson de la Nouvelle-Angleterre 25
Soupe de crabe 26
Soupe au crabe et au citron 27
Bisque de homard 28
Soupe aux sachets séchés 28
Soupe condensée en conserve 28
Réchauffer des soupes 29
Réchauffer les œufs pour la cuisson 29
Œufs pochés 30
Œufs Frits (Sautés) 31

Piperade	*32*
Piperade au Gammon	*33*
Piperada	*33*
oeufs florentine	*34*
Oeuf Poché Rossini	*35*
Oeufs brouillés aux aubergines	*35*
Omelette Classique	*37*
Omelettes aromatisées	*38*
Brunch Omelette	*39*
Œuf poché au fromage fondu	*40*
Œufs Bénédicte	*40*
Omelette Arnold Bennett	*41*
Tortilla	*42*
Omelette espagnole aux légumes variés	*43*
Omelette Espagnole au Jambon	*44*
Oeufs au fromage dans une sauce au céleri	*44*
Oeufs Fu Yung	*45*
Pizza Omelette	*46*
Omelette soufflée	*47*
Omelette soufflée au citron	*48*
Omelette soufflée à l'orange	*49*
Omelette soufflée aux amandes et aux abricots	*49*
Omelette soufflée aux framboises	*49*
Omelette soufflée aux fraises	*50*
Omelette soufflée avec garnitures	*50*
Œuf au four à la crème	*50*
Oeuf au Four Napolitain	*51*

Fondue au fromage *52*
Fondue au Cidre *53*
Fondue au jus de pomme *53*
Fondue Rose *53*
Fondue Fumée *54*
Fondue à la bière allemande *54*
Fondue au feu *54*
Fondue au curry *55*
Fonduta *55*
Fondue Simili Fromage et Tomate *55*
Fondue au fromage *57*
Fondue au Cidre *58*
Fondue au jus de pomme *58*
Fondue Rose *58*
Fondue Fumée *59*
Fondue à la bière allemande *59*
Fondue au feu *59*
Fondue au curry *60*
Fonduta *60*
Fondue Simili Fromage et Tomate *60*
Fondue Simili Fromage et Céleri *61*
Fondue italienne au fromage, à la crème et aux œufs *62*
Fondue hollandaise de la ferme *63*
Fondue fermière avec coup de pied *64*
Œuf au Four Style Flamenco *65*
Pudding au fromage et au persil *66*

Pain et beurre Pudding au fromage et au persil avec noix de cajou 67
Pouding au pain et au beurre aux quatre fromages 67
Crumpets au fromage et aux œufs 68
Pudding renversé au fromage et aux tomates 69
Croustillants de pizza 70
Loup de mer au gingembre avec oignons 72
Paquets de truite 73
Lotte brillante aux haricots fins 74
Crevettes brillantes avec mange-tout 75
Cabillaud de Normandie au Cidre et au Calvados 76
Paëlla au poisson 78
Harengs sous-marins 80
Moules Marinières 81
Maquereau à la rhubarbe et sauce aux raisins secs 83
Hareng sauce au cidre de pomme 85
Carpe en Sauce Gelée 85
Rollmops aux abricots 86
Kipper poché 87
Crevettes Madras 88
Rouleaux de plie Martini avec sauce 89
Ragoût de Coquillages aux Noix 91
Potée de morue 94
Potée de morue fumée 95
Lotte à la Crème de Citron Doré 95
Sole en sauce crémeuse au citron doré 97
Sauce hollandaise au saumon 97

Hollandaise de saumon à la coriandre 98
Flocons de mayonnaise au saumon 99
Rôti de saumon à la méditerranéenne 100
Kedgeree au curry 101
Kedgeree au saumon fumé 102
Quiche au poisson fumé 103
Gombo aux crevettes de Louisiane 104
Gombo de Lotte 105
Gumbo de poisson mélangé 105
Truite aux Amandes 106
Crevettes Provençales 107
Plie en sauce au céleri avec amandes grillées 108
Filets à la sauce tomate à la marjolaine 109
Filets Sauce Champignons au Cresson 109
Morue Hachée aux Œufs Pochés 110
Aiglefin et Légumes en Sauce au Cidre 112
Tarte Bord de mer 113
Garnitures de poisson fumé 116
Filets de Coley avec Poireaux et Marmelade de Citron 117
Poisson de mer dans une veste 118
Cabillaud Suédois au Beurre Fondu et Oeuf 119
Stroganoff aux fruits de mer 120
Thon frais Stroganoff 121
Suprême de ragoût de poisson blanc 121
Mousse de saumon 123
Mousse de saumon à la diète 125
Crabe Mornay 126

Thon Mornay 127

Mornay saumon rouge 127

Combo fruits de mer et noix 128

Anneau de saumon à l'aneth 130

Anneau de Poisson Mixte au Persil 131

Casserole de morue au bacon et tomates 132

Marmite à poisson des Slimmers 133

Poulet rôti 135

Poulet rôti glacé 136

Poulet Tex Mex 137

Poulet du couronnement 138

Poulet Véronique 139

Poulet Vinaigré à l'Estragon 140

Poulet rôti à la danoise avec farce au persil 141

Poulet Simla 141

Poulet épicé à la noix de coco et à la coriandre 142

Lapin épicé 143

Dinde épicée 143

Bredie de poulet aux tomates 144

Poulet Cuit Rouge Chinois 145

Ailes de poulet aristocratiques 146

Poulet chow mein 147

Poulet Chop Suey 148

Poulet chinois mariné express 148

Poulet de Hong Kong avec légumes mélangés et germes de soja 149

Poulet à la sauce Golden Dragon 150

Ailes de poulet au gingembre avec laitue 151

Poulet à la noix de coco de Bangkok *152*
Satay de poulet *153*
Poulet aux arachides *155*
Poulet indien au yaourt *156*
Poulet japonais aux oeufs *157*
Casserole de Poulet à la Portugaise *158*
Casserole de poulet épicé à l'anglaise *159*
Compromis Poulet Tandoori *159*
Gâteau au fromage aux fruits et aux noix *161*
Gâteau au gingembre confit *162*
Gâteau au gingembre confit à l'orange *163*
Gâteau au miel aux noix *164*
Gâteau au miel et au gingembre *166*
Gâteau au sirop de gingembre *167*
Pain d'épice traditionnel *167*
Pain d'épice à l'orange *169*
Tourte au café et aux abricots *169*
Tarte Ananas Rhum *170*
Gâteau de Noël riche *171*
Gâteau Simnel Rapide *173*
Gâteau aux graines *174*
Gâteau aux fruits simple *176*
Gâteau aux dattes et aux noix *177*
Gâteau à la carotte *178*
Gâteau aux panais *180*
Gateau à la citrouille *180*
Gâteau scandinave à la cardamome *181*

Pain au thé aux fruits 184
Gâteau-sandwich Victoria 185
Gâteau aux noix 186
Gâteau Caroube 187
Gâteau au chocolat facile 187
Gateau au amandes 187
Gâteau-sandwich Victoria 188
Gâteau éponge au thé de la pépinière 189
Génoise au citron 190
Gâteau éponge à l'orange 190
Gâteau au café expresso 191
Gâteau au café expresso glacé à l'orange 192
Tarte à la crème au café expresso 192
Petits Gâteaux Aux Raisins 193
Cupcakes à la noix de coco 194
Gâteaux aux pépites de chocolat 194
Gâteau aux épices à la banane 195
Gâteau aux épices à la banane avec glaçage à l'ananas 196
Glaçage à la crème au beurre 196
Glaçage au fudge au chocolat 197
Quartiers de santé aux fruits 198
Quartiers de santé fruités aux abricots 199
sables 199
Sablés extra croustillants 200
Sablés Extra Onctueux 200
Sablé Épicé 201
Sablés à la hollandaise 201

Boules de cannelle	201
Golden Brandy Snaps	202
Chocolat Brandy Snaps	203
Scones au petit pain	204
Scones aux petits pains aux raisins	206
Pains	206
Pâte à pain blanche de base	206
Pâte à pain brune de base	208
Pâte à pain au lait de base	208
Pain Bap	209
Rouleaux de bap	209
Pains à hamburger	210
Petits pains sucrés aux fruits	210
Splits de Cornouailles	210
Rouleaux fantaisie	211
Petits pains avec garnitures	211
Pain aux Graines de Carvi	212
Pain de seigle	212
Pain à l'huile	213
pain Italien	213
Pain Espagnol	214
Pain Tikka Masala	214
Pain au Malt Fruité	215

Soupe de pommes de terre à l'italienne

Pour 4 à 5 personnes

1 gros oignon, haché
30 ml/2 cuillères à soupe d'huile d'olive ou de tournesol
4 grosses pommes de terre
1 petit os de jambon cuit
1,25 litres/2¼ pts/5½ tasses de bouillon de poulet chaud
Sel et poivre noir fraîchement moulu
60 ml/4 cuillères à soupe de crème liquide (légère)
Noix de muscade râpée
30 ml/2 cuillères à soupe de persil haché

Placer l'oignon et l'huile dans un bol de 2,25 litres/4 pt/10 tasses. Cuire, à découvert, sur décongeler pendant 5 minutes, en remuant deux fois. Pendant ce temps, épluchez et râpez les pommes de terre. Incorporer les oignons et ajouter l'os de jambon, le bouillon chaud et saler et poivrer au goût. Couvrir d'une assiette et cuire à pleine puissance pendant 15 à 20 minutes, en remuant deux fois, jusqu'à ce que les pommes de terre soient tendres. Incorporer la crème, verser dans des bols à soupe et saupoudrer de noix de muscade et de persil.

Soupe aux tomates fraîches et au céleri

Pour 6 à 8 personnes

900 g/2 lb de tomates mûres, blanchies, pelées et coupées en quartiers
50 g/2 oz/¼ tasse de beurre ou de margarine ou 30 ml/2 cuillères à soupe d'huile d'olive
2 branches de céleri, finement hachées
1 gros oignon, haché finement
30 ml/2 cuillères à soupe de cassonade foncée
5 ml/1 cuillère à café de sauce soja
2,5 ml/½ cuillère à café de sel
300 ml/½ pt/1¼ tasse d'eau chaude
30 ml/2 cuillères à soupe de fécule de maïs (maïzena)
150 ml/¼ pt/2/3 tasse d'eau froide
Xérès moyen

Réduire les tomates en purée au mélangeur ou au robot culinaire. Mettre le beurre, la margarine ou l'huile dans un plat de 1,75 litre/3 pt/7½ tasse. Chauffer à plein pendant 1 minute. Mélanger le céleri et l'oignon. Couvrir d'une assiette et cuire à pleine puissance pendant 3 minutes. Ajouter la purée de tomates, le sucre, la sauce soja, le sel et l'eau chaude. Couvrir comme avant et cuire à pleine puissance pendant 8 minutes, en remuant quatre fois. Pendant ce temps, mélanger doucement la maïzena avec l'eau froide. Incorporer à la soupe. Cuire, à découvert, à pleine puissance pendant 8 minutes, en remuant quatre fois. Verser dans des bols à soupe et ajouter une pincée de xérès à chacun.

Soupe aux tomates avec vinaigrette à l'avocat

Pour 8 personnes

2 avocats mûrs
Jus de 1 petit citron vert
1 gousse d'ail, écrasée
30 ml/2 cuillères à soupe de mayonnaise à la moutarde
45 ml/3 cuillères à soupe de crème fraîche
5 ml/1 cuillère à café de sel
Une pincée de curcuma
600 ml/20 fl oz/2 boîtes de soupe de tomates condensée
600 ml/1 pt/2½ tasses d'eau tiède
2 tomates, blanchies, pelées, épépinées et coupées en quartiers

Pelez et coupez les avocats en deux, en enlevant les noyaux (noyaux). Écrasez finement la chair, puis mélangez-la avec le jus de citron vert, l'ail, la mayonnaise, la crème fraîche, le sel et le curcuma. Couvrir et réfrigérer jusqu'à ce que vous en ayez besoin. Verser les deux boîtes de soupe dans un plat de 1,75 litre/3 pt/7½ tasse. Fouetter doucement dans l'eau. Coupez la chair de tomate en lanières et ajoutez les deux tiers à la soupe. Couvrir le plat avec une assiette et cuire à pleine puissance pendant 9 minutes jusqu'à ce qu'il soit très chaud, en remuant quatre ou cinq fois. Verser dans des bols à soupe et ajouter une boule de vinaigrette à l'avocat dans chacun. Garnir avec les tranches de tomates restantes.

Soupe froide au fromage et à l'oignon

Pour 6 à 8 personnes

25 g/1 oz/2 cuillères à soupe de beurre ou de margarine
2 oignons, hachés
2 branches de céleri, finement hachées
30 ml/2 cuillères à soupe de farine ordinaire (tout usage)
900 ml/1½ pts/3¾ tasses de bouillon de poulet ou de légumes chaud
45 ml/3 cuillères à soupe de vin blanc sec ou de porto blanc
Sel et poivre noir fraîchement moulu
125 g/4 oz/1 tasse de fromage bleu, émietté
125 g/4 oz/1 tasse de fromage cheddar, râpé
150 ml/¼ pt/2/3 tasse de crème fouettée
Sauge finement hachée, pour garnir

Placer le beurre ou la margarine dans un plat de 2,25 litres/4 pt/10 tasses. Faire fondre, à découvert, sur Décongeler pendant 1 minute et demie. Mélanger les oignons et le céleri. Couvrir d'une assiette et cuire à pleine puissance pendant 8 minutes. Retirer du micro-ondes. Incorporer la farine, puis incorporer graduellement le bouillon et le vin ou le porto. Couvrir comme avant et cuire à pleine puissance pendant

10 à 12 minutes, en fouettant toutes les 2 à 3 minutes, jusqu'à ce que la soupe soit lisse, épaisse et chaude. Assaisonner selon l'envie. Ajouter les fromages et remuer jusqu'à ce qu'ils soient fondus. Couvrir et laisser refroidir, puis réfrigérer pendant plusieurs heures ou toute la nuit. Avant de servir, remuer et incorporer délicatement la crème. Verser dans des tasses ou des bols et saupoudrer légèrement de sauge.

Soupe au fromage à la suisse

Pour 6 à 8 personnes

25 g/1 oz/2 cuillères à soupe de beurre ou de margarine
2 oignons, hachés
2 branches de céleri, finement hachées
30 ml/2 cuillères à soupe de farine ordinaire (tout usage)
900 ml/1½ pts/3¾ tasses de bouillon de poulet ou de légumes chaud
45 ml/3 cuillères à soupe de vin blanc sec ou de porto blanc
5 ml/1 cuillère à café de graines de carvi
1 gousse d'ail, écrasée
Sel et poivre noir fraîchement moulu
225 g/8 oz/2 tasses de fromage emmental ou gruyère (suisse), râpé
150 ml/¼ pt/2/3 tasse de crème fouettée
Croûtons

Placer le beurre ou la margarine dans un plat de 2,25 litres/4 pt/10 tasses. Faire fondre, à découvert, sur Décongeler pendant 1 minute et demie. Mélanger les oignons et le céleri. Couvrir d'une assiette et cuire à pleine puissance pendant 8 minutes. Retirer du micro-ondes. Incorporer la farine, puis incorporer graduellement le bouillon et le vin ou le porto. Incorporer les graines de carvi et l'ail. Couvrir comme avant et cuire à pleine puissance pendant 10 à 12 minutes, en fouettant toutes les 2 à 3 minutes, jusqu'à ce que la soupe soit chaude, lisse et épaissie. Assaisonner selon l'envie. Ajouter le fromage et remuer jusqu'à ce qu'il soit fondu. Incorporer la crème. Versez dans des tasses ou des bols et servez chaud, garni de croûtons.

Soupe Avgolémono

Pour 6 personnes

1,25 litres/2¼ pts/5½ tasses de bouillon de poulet chaud
60 ml/4 cuillères à soupe de riz à risotto
Jus de 2 citrons
2 gros œufs
Sel et poivre noir fraîchement moulu

Verser le bouillon dans un plat profond de 1,75 litre/ 3 pt/7½ tasse. Incorporer le riz. Couvrir avec une assiette et cuire à pleine puissance pendant 20 à 25 minutes jusqu'à ce que le riz soit tendre. Bien battre ensemble le jus de citron et les œufs dans une soupière ou un autre grand plat de service. Incorporer délicatement le bouillon et le riz. Assaisonner au goût avant de servir.

Velouté de Concombre au Pastis

Pour 6 à 8 personnes

900 g/2 lb de concombre, pelé
45 ml/3 cuillères à soupe de beurre ou de margarine
30 ml/2 cuillères à soupe de fécule de maïs (maïzena)
600 ml/1 pt/2½ tasses de bouillon de poulet ou de légumes
300 ml/½ pt/1¼ tasse de crème fouettée
7,5–10 ml/1½–2 cuillères à café de sel
10 ml/2 cuillères à café de Pernod ou Ricard (pastis)
Poivre noir fraîchement moulu
Aneth haché (aneth)

Trancher le concombre très finement à l'aide d'une râpe ou du disque à trancher d'un robot culinaire. Placer dans un bol, couvrir et laisser reposer pendant 30 minutes pour permettre à une partie de l'humidité de s'infiltrer. Essorez le plus sec possible dans un torchon propre (torchon). Placer le beurre ou la margarine dans un plat de 2,25 litres/4 pt/10 tasses. Faire fondre, à découvert, sur Décongeler pendant 1 minute et demie. Mélanger le concombre. Couvrir d'une assiette et cuire à pleine puissance pendant 5 minutes en remuant trois fois. Mélangez doucement la maïzena avec une partie du bouillon, puis ajoutez le reste du bouillon. Incorporer progressivement au concombre. Cuire, à découvert, à pleine puissance pendant environ 8 minutes, en remuant trois ou quatre fois, jusqu'à ce que la soupe soit chaude, lisse et épaissie. Ajouter la crème, le sel et le pastis et bien mélanger. Réchauffer, à découvert, à pleine puissance pendant 1 à 1 ½ minutes. Assaisonner au goût avec du poivre.

Soupe au Curry avec du Riz

Pour 6 personnes

Une soupe au poulet anglo-indienne agréablement douce.

30 ml/2 cuillères à soupe d'huile d'arachide ou de tournesol
1 gros oignon, haché
3 branches de céleri, finement hachées
15 ml/1 cuillère à soupe de poudre de curry doux
30 ml/2 cuillères à soupe de xérès demi-sec
1 litre/1¾ pts/4¼ tasses de bouillon de poulet ou de légumes
125 g/4 oz/½ tasse de riz à grains longs
5 ml/1 cuillère à café de sel

15 ml/1 cuillère à soupe de sauce soja
175 g/6 oz/1½ tasse de poulet cuit, coupé en lanières
Yaourt nature épais ou crème fraîche, pour servir

Verser l'huile dans un plat de 2,25 litres/4 pt/10 tasses. Chauffer, à découvert, à pleine puissance pendant 1 minute. Ajouter les oignons et le céleri. Cuire, à découvert, à pleine puissance pendant 5 minutes, en remuant une fois. Incorporer la poudre de curry, le xérès, le bouillon, le riz, le sel et la sauce soja. Couvrir d'une assiette et cuire à pleine puissance pendant 10 minutes en remuant deux fois. Ajouter le poulet. Couvrir comme avant et cuire à pleine puissance pendant 6 minutes. Verser dans des bols et garnir chacun d'un tourbillon de yaourt ou de crème fraîche.

Vichyssoise

Pour 6 personnes

Une version haut de gamme et glacée de la soupe aux poireaux et aux pommes de terre, inventée par le chef américain Louis Diat au début du XXe siècle.

2 poireaux
350 g/12 oz de pommes de terre, pelées et tranchées
25 g/1 oz/2 cuillères à soupe de beurre ou de margarine
30 ml/2 cuillères à soupe d'eau
450 ml/¾ pt/2 tasses de lait
15 ml/1 cuillère à soupe de fécule de maïs (maïzena)

150 ml/¼ pt/2/3 tasse d'eau froide
2,5 ml/½ cuillère à café de sel
150 ml/¼ pt/2/3 tasse de crème liquide (légère)
Ciboulette ciselée, pour garnir

Coupez les poireaux en enlevant la majeure partie du vert. Coupez le reste et lavez soigneusement. Trancher épais. Placer dans un plat de 2 litres/3½ pt/8½ tasse avec les pommes de terre, le beurre ou la margarine et l'eau. Couvrir d'une assiette et cuire à pleine puissance pendant 12 minutes en remuant quatre fois. Passer au mixeur, ajouter le lait et réduire en purée. Revenir au plat. Mélanger doucement la maïzena avec l'eau et ajouter au plat. Assaisonner au goût avec le sel. Cuire, à découvert, à pleine puissance pendant 6 minutes, en battant à chaque minute. Laisser refroidir. Incorporer la crème. Couvrir et bien refroidir. Verser dans des bols et saupoudrer chaque portion de ciboulette.

Soupe froide de concombre au yaourt

Pour 6 à 8 personnes

25 g/1 oz/2 cuillères à soupe de beurre ou de margarine
1 grosse gousse d'ail
1 concombre, pelé et râpé grossièrement
600 ml/1 pt/2½ tasses de yaourt nature
300 ml/½ pt/1¼ tasse de lait
150 ml/¼ pt/2/3 tasse d'eau froide

2,5–10 ml/½–2 cuillères à café de sel

Menthe hachée, pour garnir

Placer le beurre ou la margarine dans un plat de 1,75 litre/3 pt/7½ tasse. Chauffer, à découvert, à pleine puissance pendant 1 minute. Écraser l'ail et ajouter le concombre. Cuire, à découvert, à pleine puissance pendant 4 minutes, en remuant deux fois. Retirer du micro-ondes. Fouetter tous les ingrédients restants. Couvrir et réfrigérer plusieurs heures. Verser dans des bols et saupoudrer chaque portion de menthe.

Soupe froide d'épinards au yaourt

Pour 6 à 8 personnes

25 g/1 oz/2 cuillères à soupe de beurre ou de margarine
1 grosse gousse d'ail
450 g/1 lb de jeunes pousses d'épinards, déchiquetées
600 ml/1 pt/2½ tasses de yaourt nature
300 ml/½ pt/1¼ tasse de lait

150 ml/¼ pt/2/3 tasse d'eau froide
2,5–10 ml/½–2 cuillères à café de sel
Jus de 1 citron
Noix de muscade râpée ou noix moulues, pour garnir

Placer le beurre ou la margarine dans un plat de 1,75 litre/3 pt/7½ tasse. Chauffer, à découvert, à pleine puissance pendant 1 minute. Écraser l'ail et ajouter les épinards. Cuire, à découvert, à pleine puissance pendant 4 minutes, en remuant deux fois. Retirer du micro-ondes. Réduire en purée grossière dans un mélangeur ou un robot culinaire. Fouetter tous les ingrédients restants. Couvrir et réfrigérer plusieurs heures. Verser dans des bols et saupoudrer chaque portion de noix de muscade ou de noix moulues.

Soupe aux tomates glacées au xérès

Pour 4 à 5 personnes

300 ml/½ pt/1¼ tasse d'eau
300 ml/10 fl oz/1 boîte de soupe de tomates condensée
30 ml/2 cuillères à soupe de xérès sec
150 ml/¼ pt/2/3 tasse de crème double (épaisse)
5 ml/1 cuillère à café de sauce Worcestershire

Ciboulette ciselée, pour garnir

Versez l'eau dans un bol de 1,25 litre/ 2¼ pt/5½ tasse et faites chauffer, à découvert, à pleine puissance pendant 4 à 5 minutes jusqu'à ce qu'elle commence à bouillonner. Fouetter la soupe aux tomates. Lorsqu'il est complètement lisse, bien incorporer le reste des ingrédients. Couvrir et réfrigérer pendant 4 à 5 heures. Remuer, verser dans des plats en verre et saupoudrer chacun de ciboulette.

Chaudrée de poisson de la Nouvelle-Angleterre

Pour 6 à 8 personnes

Toujours servie en Amérique du Nord pour le brunch du dimanche, la Clam Chowder est le classique par excellence mais, comme les palourdes ne sont pas si faciles à trouver, le poisson blanc a été remplacé.

5 tranches de bacon strié (tranches), hachées grossièrement

1 gros oignon, pelé et râpé
15 ml/1 cuillère à soupe de fécule de maïs (maïzena)
30 ml/2 cuillères à soupe d'eau froide
450 g/1 lb de pommes de terre, coupées en cubes de 1 cm/½
900 ml/1½ pts/3¾ tasses de lait entier chaud
450 g/1 lb de filets de poisson blanc fermes, sans peau et coupés en bouchées
2,5 ml/½ cuillère à café de muscade moulue
Sel et poivre noir fraîchement moulu

Placer le bacon dans un bol de 2,5 litres/4½ pt/11 tasses. Ajouter l'oignon et cuire, à découvert, à pleine puissance pendant 5 minutes. Mélanger doucement la maïzena avec l'eau et remuer dans le bol. Incorporer les pommes de terre et la moitié du lait chaud. Cuire, à découvert, à pleine puissance pendant 6 minutes, en remuant trois fois. Incorporer le reste du lait et cuire, à découvert, à pleine puissance pendant 2 minutes. Ajouter le poisson avec la noix de muscade et assaisonner au goût. Couvrir d'une assiette et cuire à pleine puissance pendant 2 minutes jusqu'à ce que le poisson soit tendre. (Ne vous inquiétez pas si le poisson a commencé à s'émietter.) Versez dans des bols profonds et mangez immédiatement.

Soupe de crabe

Pour 4 personnes

25 g/1 oz/2 cuillères à soupe de beurre non salé (doux)

20 ml/4 cuillères à café de farine ordinaire (tout usage)

300 ml/½ pt/1¼ tasse de lait entier réchauffé

300 ml/½ pt/1¼ tasse d'eau

2,5 ml/½ cuillère à café de moutarde anglaise

Un trait de sauce piquante

25 g/1 oz/¼ tasse de fromage cheddar, râpé

175 g/6 oz de chair de crabe claire et foncée

Sel et poivre noir fraîchement moulu

45 ml/3 cuillères à soupe de xérès sec

Mettre le beurre dans un plat de 1,75 litre/ 3 pt/7½ tasse. Faire fondre sur décongeler pendant 1 à 1 ½ minutes. Incorporer la farine. Cuire, à découvert, à pleine puissance pendant 30 secondes. Incorporer progressivement le lait et l'eau. Cuire, à découvert, à pleine puissance pendant 5 à 6 minutes jusqu'à consistance lisse et épaissie, en battant à chaque minute. Incorporer tous les ingrédients restants. Cuire, à découvert, à pleine puissance pendant 1 ½ à 2 minutes, en remuant deux fois, jusqu'à ce que le tout soit chaud.

Soupe au crabe et au citron

Pour 4 personnes

Préparez comme pour la soupe de crabe, mais ajoutez 5 ml/1 cuillère à café de zeste de citron finement râpé avec le reste des ingrédients. Saupoudrer chaque portion d'un peu de noix de muscade râpée.

Bisque de homard

Pour 4 personnes

Préparez comme pour la soupe de crabe, mais substituez de la crème liquide (légère) au lait et de la chair de homard hachée à la chair de crabe.

Soupe aux sachets séchés

Verser le contenu du paquet dans un plat de 1,25 litre/2¼ pt/5½ tasse. Incorporer progressivement la quantité d'eau froide recommandée. Couvrir et laisser reposer 20 minutes pour attendrir les légumes. Remuer. Couvrir d'une assiette et cuire à pleine puissance pendant 6 à 8 minutes, en remuant deux fois, jusqu'à ce que la soupe arrive à ébullition et épaississe. Laisser reposer 3 minutes. Remuer et servir.

Soupe condensée en conserve

Verser la soupe dans un pichet doseur de 1,25 litre/2¼ pt/5½ tasse. Ajouter 1 boîte d'eau bouillante et bien fouetter. Couvrir d'une assiette ou d'une soucoupe et chauffer à pleine puissance pendant 6 à 7 minutes, en fouettant deux fois, jusqu'à ce que la soupe arrive à ébullition. Verser dans des bols et servir.

Réchauffer des soupes

Pour de bons résultats, réchauffez les soupes claires ou fines sur les soupes complètes et crémeuses et les bouillons sur la décongélation.

Réchauffer les œufs pour la cuisson

Inestimable si vous décidez à la dernière minute de faire de la pâtisserie et que vous avez besoin d'œufs à température ambiante.

Pour 1 œuf : casser l'œuf dans un petit plat ou une tasse. Piquez le jaune deux fois avec une brochette ou la pointe d'un couteau pour éviter que la peau n'éclate et que le jaune n'explose. Couvrir le plat ou la tasse avec une soucoupe. Réchauffer sur décongeler pendant 30 secondes.

Pour 2 œufs : comme pour 1 œuf mais réchauffer pendant 30 à 45 secondes.

Pour 3 œufs : comme pour 1 œuf mais réchauffer pendant 1 à 1 ¼ minutes.

Œufs pochés

Ceux-ci sont mieux cuits individuellement dans leurs propres plats.

Pour 1 œuf : verser 90 ml/6 cuillères à soupe d'eau chaude dans une assiette creuse. Ajoutez 2,5 ml/½ cuillère à café de vinaigre doux pour éviter que le blanc ne se répande. Glisser délicatement 1 œuf, d'abord cassé dans une tasse. Piquez le jaune deux fois avec une pique à brochette ou la pointe d'un couteau. Couvrir d'une assiette et cuire à pleine puissance pendant 45 secondes à 1 ¼ minutes, selon la fermeté des blancs. Laisser reposer 1 minute. Soulevez du plat avec une tranche de poisson perforée.

Pour 2 œufs cuits dans 2 plats simultanément : Cuire à plein pendant 1 ½ minutes. Laisser reposer 1 minute 1/4. Si les blancs sont trop liquides, cuire encore 15 à 20 secondes.

Pour 3 œufs cuits dans 3 plats simultanément : cuire à pleine puissance pendant 2 à 2 minutes et demie. Laisser reposer 2 minutes. Si les blancs sont trop liquides, cuire encore 20 à 30 secondes.

Œufs Frits (Sautés)

Le micro-ondes fait un excellent travail ici et les œufs s'avèrent doux et tendres, toujours le côté ensoleillé vers le haut et avec une frange de blanc qui ne frisonne jamais. Il n'est pas recommandé de faire frire plus de 2 œufs à la fois car les jaunes cuiraient plus rapidement que les blancs et deviendraient durs. Cela est dû au temps de cuisson plus long nécessaire pour fixer les blancs. Utilisez de la porcelaine ou de la poterie sans aucun soupçon de décoration, comme on le fait en France.

Pour 1 œuf : Badigeonnez légèrement un petit plat en porcelaine ou en poterie avec du beurre fondu, de la margarine ou une trace d'huile d'olive délicate. Cassez l'œuf dans une tasse, puis glissez-le dans le plat préparé. Piquez le jaune deux fois avec une pique à brochette ou la pointe d'un couteau. Saupoudrer légèrement de sel et de poivre noir fraîchement moulu. Couvrir d'une assiette et cuire à pleine puissance pendant 30 secondes. Laisser reposer 1 minute. Poursuivre la cuisson encore 15 à 20 secondes. Si le blanc n'est pas suffisamment pris, cuire encore 5 à 10 secondes.

Pour 2 œufs : comme pour 1 œuf, mais cuire à pleine puissance pendant 1 minute au début, puis attendre 1 minute. Cuire encore 20 à 40 secondes. Si les blancs ne sont pas suffisamment pris, attendez 6 à 8 secondes supplémentaires.

Piperade

Pour 4 personnes

30 ml/2 cuillères à soupe d'huile d'olive
3 oignons, tranchés très finement
2 poivrons verts (poivrons), épépinés et hachés finement
6 tomates, blanchies, pelées, épépinées et hachées
15 ml/1 cuillère à soupe de feuilles de basilic hachées
Sel et poivre noir fraîchement moulu
6 gros œufs
60 ml/4 cuillères à soupe de crème épaisse
Toast, pour servir

Verser l'huile dans un plat creux de 25 cm de diamètre et faire chauffer à découvert à pleine puissance pendant 1 minute. Incorporer les oignons et les poivrons. Couvrir d'une assiette et cuire sur Defrost pendant 12 à 14 minutes jusqu'à ce que les légumes soient tendres. Incorporer les tomates et le basilic et assaisonner au goût. Couvrir comme avant et cuire à pleine puissance pendant 3 minutes. Bien battre ensemble les œufs et la crème et assaisonner au goût. Verser dans le plat et mélanger avec les légumes. Cuire, à découvert, à pleine puissance pendant 4 à 5 minutes jusqu'à ce qu'ils soient légèrement brouillés, en remuant toutes les minutes. Couvrir et laisser reposer 3 minutes avant de servir avec des toasts croustillants.

Piperade au Gammon

Pour 4 personnes

Préparez comme pour la Piperade, mais servez-les sur des portions de pain frit (sauté) et garnissez chacune d'une tranche de gammon grillée (grillée) ou passée au micro-ondes.

Piperada

Pour 4 personnes

La version espagnole de Piperade.

Préparez comme pour la Piperade, mais ajoutez 2 gousses d'ail écrasées avec les oignons et les poivrons verts et ajoutez 125 g de jambon haché grossièrement aux légumes cuits. Garnir chaque portion d'olives farcies tranchées.

oeufs florentine

Pour 4 personnes

450 g/1 lb d'épinards fraîchement cuits
60 ml/4 cuillères à soupe de crème fouettée
4 œufs pochés, cuits 2 à la fois
300 ml/½ pt/1¼ tasse de sauce au fromage chaude ou de sauce Mornay
50 g/2 oz/½ tasse de fromage râpé

Travailler ensemble les épinards et la crème dans un robot culinaire ou un mélangeur. Disposez dans un plat peu profond beurré de 18 cm de diamètre résistant à la chaleur. Couvrir d'une assiette et chauffer à pleine puissance pendant 1 ½ minute. Disposez les œufs dessus et nappez-les de sauce piquante. Saupoudrer de fromage et faire dorer sous un gril chaud (broiler).

Oeuf Poché Rossini

POUR 1

Cela en fait un déjeuner léger et élégant avec une salade verte.

Frire (sauter) ou griller des tranches de pain de semoule sans croûte. Tartiner d'un pâté de foie onctueux contenant, si le coût le permet, de la truffe. Garnir d'un œuf poché fraîchement cuit et servir immédiatement.

Oeufs brouillés aux aubergines

Pour 4 personnes

Une idée israélienne qui se convertit bien au micro-ondes. La saveur est curieusement puissante.

750 g/1½ lb d'aubergines (aubergines)
15 ml/1 cuillère à soupe de jus de citron
15 ml/1 cuillère à soupe d'huile de maïs ou de tournesol
2 oignons, hachés finement
2 gousses d'ail, écrasées
4 gros œufs
60 ml/4 cuillères à soupe de lait
Sel et poivre noir fraîchement moulu

Toasts beurrés chauds, pour servir

Équeutez et équeutez les aubergines et coupez-les en deux dans le sens de la longueur. Disposer sur une grande assiette, côtés coupés vers le bas et couvrir de papier absorbant. Cuire à pleine puissance pendant 8 à 9 minutes ou jusqu'à ce qu'ils soient tendres. Retirer la chair des peaux directement dans un robot culinaire avec le jus de citron et réduire en purée grossière. Mettre l'huile dans un plat de 1,5 litre/2½ pt/6 tasses. Chauffer, à découvert, à pleine puissance pendant 30 secondes. Incorporer les oignons et l'ail. Cuire, à découvert, à pleine puissance pendant 5 minutes. Battre les œufs avec le lait et assaisonner soigneusement au goût. Verser dans le plat et brouiller avec les oignons et l'ail sur Full pendant 2 minutes en remuant toutes les 30 secondes. Mélanger les oignons et l'ail et ajouter la purée d'aubergine. Poursuivre la cuisson, à découvert, à pleine puissance pendant 3 à 4 minutes, en remuant toutes les 30 secondes, jusqu'à ce que le mélange épaississe et que les œufs soient brouillés. Servir sur des toasts beurrés chauds.

Omelette Classique

Pour 1

Une omelette à la texture légère qui peut être servie nature ou garnie.

Beurre fondu ou margarine
3 oeufs
20 ml/4 cuillères à café de sel
Poivre noir fraîchement moulu
30 ml/2 cuillères à soupe d'eau froide
Persil ou cresson, pour garnir

Badigeonnez un plat peu profond de 20 cm de diamètre de beurre fondu ou de margarine. Battre les œufs très énergiquement avec tous les ingrédients restants sauf la garniture. (Casser légèrement les œufs, comme pour les omelettes traditionnelles, ne suffit pas.) Verser dans le plat, couvrir d'une assiette et passer au micro-ondes. Cuire à plein pendant 1 ½ minutes. Découvrir et remuer doucement le mélange d'œufs avec une cuillère ou une fourchette en bois, en ramenant les bords partiellement fixés au centre. Couvrir comme avant et remettre au micro-ondes. Cuire à plein pendant 1 ½ minutes. Découvrir et poursuivre la cuisson pendant 30 à 60 secondes ou jusqu'à ce que le dessus soit juste pris. Pliez en trois et glissez sur une assiette chaude. Garnir et servir aussitôt.

Omelettes aromatisées

Pour 1

Omelette au persil : préparer comme pour l'Omelette classique, mais saupoudrer les œufs de 30 ml/2 c. à soupe de persil haché après que l'omelette ait cuit pendant les premières minutes 1½.

Omelette à la ciboulette : préparer comme pour l'Omelette classique, mais saupoudrer les œufs de 30 ml/2 c. à soupe de ciboulette ciselée après que l'omelette ait cuit pendant les premières minutes 1½.

Omelette au cresson : préparer comme pour l'Omelette classique, mais saupoudrer les œufs de 30 ml/2 c. à soupe de cresson haché après que l'omelette ait cuit pendant les premières 1½ minutes.

Omelette aux fines herbes : préparer comme pour l'Omelette classique, mais saupoudrer les œufs de 45 ml/3 c. à soupe de mélange de persil, cerfeuil et basilic hachés après la première 1½ minute de cuisson de l'omelette. Un peu d'estragon frais peut également être ajouté.

Omelette au curry à la coriandre : préparez comme pour l'omelette classique, mais battez les œufs et l'eau avec 5–10 ml/1–2 c. à thé de poudre de curry en plus du sel et du poivre. Saupoudrez les œufs de 30 ml/2 cuillères à soupe de coriandre hachée (cilantro) après que l'omelette ait cuit pendant les premières minutes 1½.

Omelette au fromage et à la moutarde : préparer comme pour l'Omelette classique, mais battre les œufs et l'eau avec 5 ml/1 c. à thé de moutarde fraîche et 30 ml/2 c. à soupe de fromage à pâte dure très finement râpé et bien parfumé en plus du sel et du poivre.

Brunch Omelette

Pour 1 à 2 personnes

Une omelette de style nord-américain, traditionnellement servie lors des brunchs du dimanche. L'Omelette Brunch peut être aromatisée et garnie comme pour l'Omelette Classique.

Préparez comme pour l'Omelette classique, mais remplacez 45 ml/3 c. à soupe de lait froid par 30 ml/2 c. à soupe d'eau. Après avoir découvert, cuire à pleine puissance pendant 1 à 1 ½ minutes. Plier en trois et glisser délicatement sur une assiette.

Œuf poché au fromage fondu

Pour 1

1 tranche de pain grillé beurré chaud
45 ml/3 cuillères à soupe de fromage à la crème
Ketchup aux tomates (ketchup)
1 œuf poché
60–75 ml/4–5 cuillères à soupe de fromage râpé
Paprika

Tartinez le pain grillé avec le fromage à la crème, puis avec le ketchup aux tomates. Placer sur une assiette. Garnir d'œuf poché, puis arroser de fromage râpé et saupoudrer de paprika. Chauffer, à découvert, sur Décongeler pendant 1 à 1 ½ minutes jusqu'à ce que le fromage commence à peine à fondre. Mangez tout de suite.

Œufs Bénédicte

Pour 1 à 2 personnes

Aucun brunch dominical nord-américain ne serait complet sans les œufs Benedict, une concoction d'œufs extrêmement riche qui défie toutes les restrictions en calories et en cholestérol.

Divisez et faites griller un muffin ou un bap. Garnir d'une tranche (tranche) de bacon doux grillé de manière conventionnelle, puis garnir les deux moitiés d'un œuf fraîchement poché. Napper de sauce hollandaise, puis saupoudrer légèrement de paprika. Mangez tout de suite.

Omelette Arnold Bennett

Pour 2

Dit avoir été créé par un chef de l'hôtel Savoy de Londres en l'honneur du célèbre écrivain, il s'agit d'une omelette monumentale et mémorable pour chaque grand jour et jour de fête.

175 g/6 oz de filet de haddock ou de cabillaud fumé
45 ml/3 cuillères à soupe d'eau bouillante
120 ml/4 onces liquides/½ tasse de crème fraîche
Poivre noir fraîchement moulu
Beurre fondu ou margarine, pour badigeonner
3 oeufs
45 ml/3 cuillères à soupe de lait froid
Une pincée de sel
50 g/2 oz/½ tasse de fromage Cheddar coloré ou Red Leicester, râpé

Placer le poisson dans une assiette creuse avec l'eau. Couvrir d'une assiette et cuire à pleine puissance pendant 5 minutes. Laisser reposer 2 minutes. Égouttez et émiettez la chair à la fourchette. Travailler la crème fraîche et assaisonner au goût avec du poivre. Badigeonnez une assiette creuse de 20 cm de diamètre de beurre fondu ou de margarine. Battre les oeufs soigneusement avec le lait et le sel. Verser dans le plat. Couvrez d'une assiette et faites cuire à Pleine puissance pendant 3 minutes en déplaçant les bords de prise au centre à mi-cuisson. Découvrir et cuire à pleine puissance pendant 30 secondes supplémentaires. Tartiner avec le mélange de poisson et de crème et saupoudrer de fromage. Cuire, à découvert, à pleine puissance pendant 1 à 1 ½ minutes jusqu'à ce que l'omelette soit chaude et que le fromage ait fondu. Diviser en deux portions et servir aussitôt.

Tortilla

Pour 2

La célèbre omelette espagnole est ronde et plate comme une crêpe. Il se marie confortablement avec des morceaux de pain ou des petits pains et une salade verte croquante.

15 ml/1 cuillère à soupe de beurre, de margarine ou d'huile d'olive
1 oignon, haché finement
175 g/6 oz de pommes de terre cuites, coupées en dés
3 oeufs
5 ml/1 cuillère à café de sel

30 ml/2 cuillères à soupe d'eau froide

Mettre le beurre, la margarine ou l'huile dans un plat profond de 20 cm de diamètre. Chauffer en décongélation pendant 30 à 45 secondes. Mélanger l'oignon. Couvrir d'une assiette et cuire sur Defrost pendant 2 minutes. Incorporer les pommes de terre. Couvrir comme avant et cuire à pleine puissance pendant 1 minute. Retirer du micro-ondes. Battre les oeufs soigneusement avec le sel et l'eau. Verser uniformément sur les oignons et les pommes de terre. Cuire, à découvert, à pleine puissance pendant 4 minutes et demie en retournant le plat une fois. Laisser reposer 1 minute, puis diviser en deux et transférer chaque portion dans une assiette. Mangez tout de suite.

Omelette espagnole aux légumes variés

Pour 2

30 ml/2 cuillères à soupe de beurre, de margarine ou d'huile d'olive
1 oignon, haché finement
2 tomates, pelées et hachées
½ petit poivron (vert ou rouge) finement haché
3 oeufs
5–7,5 ml/1–1½ cuillère à café de sel
30 ml/2 cuillères à soupe d'eau froide

Mettre le beurre, la margarine ou l'huile dans un plat profond de 20 cm de diamètre. Chauffer sur décongeler pendant 1 ½ minutes. Mélanger l'oignon, les tomates et le poivron haché. Couvrir d'une assiette et cuire sur décongeler pendant 6 à 7 minutes jusqu'à ce qu'ils soient tendres. Battre les oeufs soigneusement avec le sel et l'eau. Verser uniformément sur les légumes. Couvrir avec une assiette et cuire à pleine puissance pendant 5 à 6 minutes jusqu'à ce que les œufs soient pris, en retournant le plat une fois. Diviser en deux et transférer chaque portion dans une assiette. Mangez tout de suite.

Omelette Espagnole au Jambon

Pour 2

Préparez comme pour l'omelette espagnole aux légumes variés, mais ajoutez 60 ml/4 cuillères à soupe de jambon espagnol séché à l'air grossièrement haché et 1 à 2 gousses d'ail écrasées aux légumes et faites cuire 30 secondes de plus.

Oeufs au fromage dans une sauce au céleri

Pour 4 personnes

Un plat court pour le déjeuner ou le dîner, offrant un repas copieux aux végétariens.

6 gros œufs durs (cuits durs), écalés et coupés en deux
300 ml/10 fl oz/1 boîte de soupe de céleri condensée
45 ml/3 cuillères à soupe de lait entier
175 g/6 oz/1½ tasse de fromage cheddar, râpé
30 ml/2 cuillères à soupe de persil finement haché
Sel et poivre noir fraîchement moulu
15 ml/1 cuillère à soupe de chapelure grillée
2,5 ml/½ cuillère à café de paprika

Disposer les moitiés d'œufs dans un plat creux de 20 cm de diamètre. Dans un bol ou un plat séparé, mélanger délicatement la soupe et le lait. Chauffer, à découvert, à pleine puissance pendant 4 minutes, en fouettant toutes les minutes. Incorporer la moitié du fromage et chauffer, à découvert, à pleine puissance pendant 1 à 1 ½ minutes jusqu'à ce qu'il soit fondu. Incorporer le persil, assaisonner au goût, puis verser sur les œufs. Saupoudrer du reste du fromage, de la chapelure et du paprika. Faire dorer sous un gril chaud (broiler) avant de servir.

Oeufs Fu Yung

Pour 2

5 ml/1 cuillère à soupe de beurre, de margarine ou d'huile de maïs
1 oignon, haché finement

30 ml/2 cuillères à soupe de petits pois cuits

30 ml/2 cuillères à soupe de germes de soja cuits ou en conserve

125 g/4 oz de champignons, tranchés

3 gros œufs

2,5 ml/½ cuillère à café de sel

30 ml/2 cuillères à soupe d'eau froide

5 ml/1 cuillère à café de sauce soja

4 oignons nouveaux (oignons verts), finement tranchés

Mettre le beurre, la margarine ou l'huile dans un plat profond de 20 cm de diamètre et faire chauffer, à découvert, sur Décongeler pendant 1 minute. Incorporer l'oignon haché, couvrir d'une assiette et cuire à pleine puissance pendant 2 minutes. Incorporer les pois, les germes de soja et les champignons. Couvrir comme avant et cuire à pleine puissance pendant 1 ½ minute. Retirer du micro-ondes et remuer. Battre les œufs soigneusement avec le sel, l'eau et la sauce soja. Verser uniformément sur les légumes. Cuire, à découvert, à pleine puissance pendant 5 minutes, en retournant deux fois. Laisser reposer 1 minute. Diviser en deux et transférer chacun dans une assiette chaude. Garnir d'oignons nouveaux et servir aussitôt.

Pizza Omelette

Pour 2

Une pizza originale, la base faite d'une omelette plate au lieu d'une pâte levée.

15 ml/1 cuillère à soupe d'huile d'olive

3 gros œufs

45 ml/3 cuillères à soupe de lait

2,5 ml/½ cuillère à café de sel

4 tomates, blanchies, pelées et tranchées

125 g/4 oz/1 tasse de fromage Mozzarella, râpé

8 conserves d'anchois à l'huile

8–12 olives noires dénoyautées (dénoyautées)

Mettre l'huile dans un plat profond de 20 cm de diamètre et faire chauffer, à découvert, sur Décongeler pendant 1 minute. Battez les œufs très énergiquement avec le lait et le sel. Verser dans le plat et couvrir d'une assiette. Cuire à pleine puissance pendant 3 minutes en déplaçant les bords de réglage vers le centre du plat à mi-cuisson. Découvrir et cuire à pleine puissance pendant 30 secondes supplémentaires. Tartiner de tomates et de fromage, puis garnir d'anchois et d'olives. Cuire, à découvert, à pleine puissance pendant 4 minutes, en retournant deux fois. Diviser en deux et servir aussitôt.

Omelette soufflée

Pour 2

45 ml/3 cs de confiture (conserver)

Sucre glace (de confiserie)

Beurre fondu

3 gouttes de jus de citron
3 gros œufs, séparés
15 ml/1 cuillère à soupe de sucre semoule (surfin)

Verser la confiture dans un petit plat ou une tasse. Couvrir avec une soucoupe et faire chauffer sur Defrost pendant 1 ½ minutes. Retirer délicatement du micro-ondes, laisser couvert et réserver. Recouvrez une grande feuille de papier sulfurisé (ciré) de sucre glace tamisé. Badigeonnez un plat profond de 25 cm de diamètre de beurre fondu. Ajouter le jus de citron aux blancs d'œufs et battre jusqu'à ce qu'ils montent en neige ferme. Ajouter le sucre semoule aux jaunes d'œufs et battre jusqu'à consistance épaisse, pâle et crémeuse. Fouettez doucement les blancs battus dans les jaunes jusqu'à ce qu'ils soient lisses et homogènes. Verser dans le plat préparé. Cuire, à découvert, à pleine puissance pendant 3 minutes et demie. Renversez sur le papier sulfurisé, tracez une ligne au centre avec un couteau et étalez la confiture tiède sur la moitié de l'omelette. Pliez délicatement en deux, coupez en deux portions et dégustez aussitôt.

Omelette soufflée au citron

Pour 2

Préparez comme pour l'Omelette soufflée, mais ajoutez 5 ml/1 càc de zeste de citron finement râpé aux jaunes d'œufs battus et au sucre.

Omelette soufflée à l'orange

Pour 2

Préparez comme pour l'Omelette soufflée, mais ajoutez 5 ml/1 càc de zeste d'orange finement râpé aux jaunes d'œufs battus et au sucre.

Omelette soufflée aux amandes et aux abricots

Pour 2

Préparez comme pour l'Omelette soufflée, mais ajoutez 2,5 ml/½ c. à thé d'essence d'amande (extrait) aux jaunes d'œufs battus et au sucre. Remplir de confiture d'abricots onctueuse réchauffée (conserver).

Omelette soufflée aux framboises

Pour 2

Préparez comme pour l'Omelette soufflée, mais ajoutez 2,5 ml/½ c. à thé d'essence de vanille (extrait) aux jaunes d'œufs battus et au sucre. Garnir de 45 à 60 ml/3 à 4 cuillères à soupe de framboises grossièrement écrasées mélangées avec du sucre glace (de confiserie) au goût et un trait de kirsch ou de gin.

Omelette soufflée aux fraises

Pour 2

Préparez comme pour l'Omelette soufflée, mais ajoutez 2,5 ml/½ c. à thé d'essence de vanille (extrait) aux jaunes d'œufs battus et au sucre. Garnir de 45–60 ml/3–4 cuillères à soupe de fraises finement tranchées mélangées avec du sucre glace (sucre à glacer) au goût et 15 ml/1 cuillère à soupe de chocolat ou de liqueur d'orange.

Omelette soufflée avec garnitures

Pour 2

Préparez comme pour l'omelette soufflée, mais au lieu de plier et de couper l'omelette en deux, laissez-la à plat et coupez-la en deux portions. Transférer chacun dans une assiette et garnir soit d'une compote de fruits réchauffée, soit d'un coulis de fruits. Servir aussitôt.

Œuf au four à la crème

Pour 1

Cette façon de préparer les œufs est très appréciée en France, où on l'appelle œufs en cocotte. C'est certainement une entrée de premier choix pour les dîners, mais il fait aussi un déjeuner élégant avec du pain grillé ou des craquelins et une salade verte. Pour garantir le succès, il est conseillé de cuire un œuf à la fois dans un plat individuel.

1 oeuf

Sel et poivre noir fraîchement moulu

15 ml/1 cuillère à soupe de crème épaisse ou de crème fraîche

5 ml/1 cuillère à café de persil, de ciboulette ou de coriandre (coriandre) très finement hachés

Badigeonnez un petit ramequin (coque à crème anglaise) ou un plat à soufflé individuel de beurre fondu ou de margarine. Cassez délicatement l'œuf et percez le jaune deux fois avec une pique à brochette ou la pointe d'un couteau. Bien assaisonner au goût. Napper de crème et parsemer d'herbes. Couvrir avec une soucoupe et cuire sur Defrost pendant 3 minutes. Laisser reposer 1 minute avant de déguster.

Oeuf au Four Napolitain

Pour 1

Préparez comme pour l'œuf au four avec crème, mais enrobez l'œuf de 15 ml/1 c. à soupe de passata (tomates tamisées) et de deux olives noires ou câpres finement hachées.

Fondue au fromage

Pour 6 personnes

Née en Suisse, la fondue au fromage est la chouchoute de l'après-ski des stations alpines ou de partout ailleurs avec de la neige profonde sur les hauts sommets. Tremper son pain dans une casserole commune de fromage fondu aromatique est l'une des façons les plus conviviales, divertissantes et relaxantes de savourer un repas entre amis et il n'y a pas de meilleur assistant de cuisine pour cela que le micro-ondes. Servir avec des petits pots de Kirsch et des tasses de thé chaud au citron pour une atmosphère authentique.

1–2 gousses d'ail, pelées et coupées en deux
175 g/6 oz/1½ tasse de fromage Emmental, râpé
450 g/1 lb/4 tasses de fromage Gruyère (suisse), râpé
15 ml/1 cuillère à soupe de fécule de maïs (maïzena)
300 ml/½ pt/1¼ tasses de vin de Moselle
5 ml/1 cuillère à café de jus de citron
30 ml/2 cuillères à soupe Kirsch
Sel et poivre noir fraîchement moulu
Pain français en cubes, pour tremper

Pressez les côtés coupés des moitiés d'ail contre les côtés d'un plat en verre ou en poterie profond de 2,5 litres/4½ pt/11 tasses. Alternativement, pour un goût plus fort, écrasez l'ail directement dans le plat. Ajouter les deux fromages, la maïzena, le vin et le jus de citron.

Cuire, à découvert, à pleine puissance pendant 7 à 9 minutes, en remuant quatre fois, jusqu'à ce que la fondue commence à bouillonner doucement. Retirer du micro-ondes et incorporer le Kirsch. Bien assaisonner au goût. Apportez le plat à table et mangez en piquant un cube de pain sur une longue fourchette à fondue, en le faisant tourner dans le mélange de fromage, puis en le soulevant.

Fondue au Cidre

Pour 6 personnes

Préparez comme pour la fondue au fromage, mais remplacez le vin par du cidre sec et du calvados par du kirsch et servez des cubes de pomme à peau rouge ainsi que des cubes de pain pour tremper.

Fondue au jus de pomme

Pour 6 personnes

Une fondue sans alcool au goût moelleux et adaptée à tous les âges.

Préparez comme pour la fondue au fromage, mais remplacez le vin par du jus de pomme et omettez le kirsch. Si nécessaire, diluer avec un peu d'eau chaude.

Fondue Rose

Pour 6 personnes

Préparez comme pour la fondue au fromage, mais substituez 200 g/7 oz/1¾ tasses chacun de fromage Cheshire blanc, fromage Lancashire et fromage Caerphilly aux fromages Emmental et Gruyère (suisse) et du vin rosé au vin blanc.

Fondue Fumée

Pour 6 personnes

Préparez comme pour la fondue au fromage, mais substituez 200 g/7 oz/1¾ tasse de fromage fumé à la moitié du fromage Gruyère (suisse). La quantité d'Emmental est inchangée.

Fondue à la bière allemande

Pour 6 personnes

Préparez comme pour la fondue au fromage, mais remplacez le vin par de la bière et du kirsch par du cognac.

Fondue au feu

Pour 6 personnes

Préparez comme pour la fondue au fromage, mais ajoutez 2 à 3 piments rouges, épépinés et hachés très finement, juste après la maïzena (maïzena).

Fondue au curry

Pour 6 personnes

Préparez comme pour la fondue au fromage, mais ajoutez 10–15 ml/2–3 c. à thé de pâte de curry doux avec les fromages et remplacez le kirsch par de la vodka. Utilisez des morceaux de pain indien réchauffé pour tremper.

Fonduta

Pour 4 à 6 personnes

Une version italienne de la fondue au fromage, démesurément succulente.

Préparez comme pour la fondue au fromage, mais remplacez le Gruyère (suisse) et l'Emmental par du fromage italien Fontina, du vin blanc sec italien pour la Moselle et du marsala pour le Kirsch.

Fondue Simili Fromage et Tomate

Pour 4 à 6 personnes

225 g/8 oz/2 tasses de fromage cheddar affiné, râpé
125 g/4 oz/1 tasse de fromage Lancashire ou Wensleydale, émietté
300 ml/10 fl oz/1 boîte de soupe de tomates condensée
10 ml/2 càc de sauce Worcestershire
Un trait de sauce piquante

45 ml/3 cuillères à soupe de xérès sec
Pain ciabatta réchauffé, pour servir

Mettre tous les ingrédients sauf le xérès dans un plat en verre ou en poterie de 1,25 litre/2¼ pt/5½ tasse. Cuire, à découvert, sur Décongeler pendant 7 à 9 minutes, en remuant trois ou quatre fois, jusqu'à ce que la fondue soit bien épaisse. Retirer du micro-ondes et incorporer le xérès. A déguster avec des morceaux de pain ciabatta chaud.

Fondue au fromage

Pour 6 personnes

Née en Suisse, la fondue au fromage est la chouchoute de l'après-ski des stations alpines ou de partout ailleurs avec de la neige profonde sur les hauts sommets. Tremper son pain dans une casserole commune de fromage fondu aromatique est l'une des façons les plus conviviales, divertissantes et relaxantes de savourer un repas entre amis et il n'y a pas de meilleur assistant de cuisine pour cela que le micro-ondes. Servir avec des petits pots de Kirsch et des tasses de thé chaud au citron pour une atmosphère authentique.

1–2 gousses d'ail, pelées et coupées en deux
175 g/6 oz/1½ tasse de fromage Emmental, râpé
450 g/1 lb/4 tasses de fromage Gruyère (suisse), râpé
15 ml/1 cuillère à soupe de fécule de maïs (maïzena)
300 ml/½ pt/1¼ tasses de vin de Moselle
5 ml/1 cuillère à café de jus de citron
30 ml/2 cuillères à soupe Kirsch
Sel et poivre noir fraîchement moulu
Pain français en cubes, pour tremper

Pressez les côtés coupés des moitiés d'ail contre les côtés d'un plat en verre ou en poterie profond de 2,5 litres/4½ pt/11 tasses. Alternativement, pour un goût plus fort, écrasez l'ail directement dans le plat. Ajouter les deux fromages, la maïzena, le vin et le jus de citron.

Cuire, à découvert, à pleine puissance pendant 7 à 9 minutes, en remuant quatre fois, jusqu'à ce que la fondue commence à bouillonner doucement. Retirer du micro-ondes et incorporer le Kirsch. Bien assaisonner au goût. Apportez le plat à table et mangez en piquant un cube de pain sur une longue fourchette à fondue, en le faisant tourner dans le mélange de fromage, puis en le soulevant.

Fondue au Cidre

Pour 6 personnes

Préparez comme pour la fondue au fromage, mais remplacez le vin par du cidre sec et du calvados par du kirsch et servez des cubes de pomme à peau rouge ainsi que des cubes de pain pour tremper.

Fondue au jus de pomme

Pour 6 personnes

Une fondue sans alcool au goût moelleux et adaptée à tous les âges.

Préparez comme pour la fondue au fromage, mais remplacez le vin par du jus de pomme et omettez le kirsch. Si nécessaire, diluer avec un peu d'eau chaude.

Fondue Rose

Pour 6 personnes

Préparez comme pour la fondue au fromage, mais substituez 200 g/7 oz/1¾ tasses chacun de fromage Cheshire blanc, fromage Lancashire et fromage Caerphilly aux fromages Emmental et Gruyère (suisse) et du vin rosé au vin blanc.

Fondue Fumée

Pour 6 personnes

Préparez comme pour la fondue au fromage, mais substituez 200 g/7 oz/1¾ tasse de fromage fumé à la moitié du fromage Gruyère (suisse). La quantité d'Emmental est inchangée.

Fondue à la bière allemande

Pour 6 personnes

Préparez comme pour la fondue au fromage, mais remplacez le vin par de la bière et du kirsch par du cognac.

Fondue au feu

Pour 6 personnes

Préparez comme pour la fondue au fromage, mais ajoutez 2 à 3 piments rouges, épépinés et hachés très finement, juste après la maïzena (maïzena).

Fondue au curry

Pour 6 personnes

Préparez comme pour la fondue au fromage, mais ajoutez 10–15 ml/2–3 c. à thé de pâte de curry doux avec les fromages et remplacez le kirsch par de la vodka. Utilisez des morceaux de pain indien réchauffé pour tremper.

Fonduta

Pour 4 à 6 personnes

Une version italienne de la fondue au fromage, démesurément succulente.

Préparez comme pour la fondue au fromage, mais remplacez le Gruyère (suisse) et l'Emmental par du fromage italien Fontina, du vin blanc sec italien pour la Moselle et du marsala pour le Kirsch.

Fondue Simili Fromage et Tomate

Pour 4 à 6 personnes

225 g/8 oz/2 tasses de fromage cheddar affiné, râpé
125 g/4 oz/1 tasse de fromage Lancashire ou Wensleydale, émietté
300 ml/10 fl oz/1 boîte de soupe de tomates condensée
10 ml/2 càc de sauce Worcestershire
Un trait de sauce piquante

45 ml/3 cuillères à soupe de xérès sec
Pain ciabatta réchauffé, pour servir

Mettre tous les ingrédients sauf le xérès dans un plat en verre ou en poterie de 1,25 litre/2¼ pt/5½ tasse. Cuire, à découvert, sur Décongeler pendant 7 à 9 minutes, en remuant trois ou quatre fois, jusqu'à ce que la fondue soit bien épaisse. Retirer du micro-ondes et incorporer le xérès. A déguster avec des morceaux de pain ciabatta chaud.

Fondue Simili Fromage et Céleri

Pour 4 à 6 personnes

Préparez comme pour la fondue au fromage et aux tomates, mais remplacez la soupe aux tomates par une soupe de céleri condensée et assaisonnez avec du gin au lieu du xérès.

Fondue italienne au fromage, à la crème et aux œufs

Pour 4 à 6 personnes

1 gousse d'ail, écrasée

50 g/2 oz/¼ tasse de beurre non salé (doux), à la température de la cuisine

450 g/1 lb/4 tasses de fromage Fontina, râpé

60 ml/4 cuillères à soupe de fécule de maïs (maïzena)

300 ml/½ pt/1¼ tasse de lait

2,5 ml/½ cuillère à café de noix de muscade râpée

Sel et poivre noir fraîchement moulu

150 ml/¼ pt/2/3 tasse de crème fouettée

2 œufs, battus

Pain italien en cubes, pour servir

Placer l'ail, le beurre, le fromage, la maïzena, le lait et la noix de muscade dans un plat en verre ou en poterie profond de 2,5 litres/4½ pt/11 tasses. Assaisonner selon l'envie. Cuire, à découvert, à pleine puissance pendant 7 à 9 minutes, en remuant quatre fois, jusqu'à ce que la fondue commence à bouillonner doucement. Retirer du micro-ondes et incorporer la crème. Cuire, à découvert, à pleine puissance pendant 1 minute. Retirer du micro-ondes et incorporer progressivement les œufs. Servir avec du pain italien pour tremper.

Fondue hollandaise de la ferme

Pour 4 à 6 personnes

Une fondue douce et douce, assez douce pour les enfants.

1 gousse d'ail, écrasée
15 ml/1 cuillère à soupe de beurre
450 g/1 lb/4 tasses de fromage Gouda, râpé
15 ml/1 cuillère à soupe de fécule de maïs (maïzena)
20 ml/4 cuillères à café de moutarde en poudre
Une pincée de muscade râpée
300 ml/½ pt/1¼ tasse de lait entier
Sel et poivre noir fraîchement moulu
Pain en cubes, pour servir

Placer tous les ingrédients dans un plat en verre ou en poterie profond de 2,5 litres/4½ pt/11 tasses, bien assaisonner au goût. Cuire, à découvert, à pleine puissance pendant 7 à 9 minutes, en remuant quatre fois, jusqu'à ce que la fondue commence à bouillonner doucement. Apportez le plat à table et mangez en piquant un cube de pain sur une longue fourchette à fondue, en le faisant tourner dans le mélange de fromage, puis en le soulevant.

Fondue fermière avec coup de pied

Pour 4 à 6 personnes

Préparez comme pour la fondue paysanne hollandaise, mais ajoutez 30 à 45 ml/2 à 3 c. à soupe de genièvre (gin hollandais) après la cuisson.

Œuf au Four Style Flamenco

Pour 1

Beurre fondu ou margarine
1 petite tomate, blanchie, pelée et hachée
2 oignons nouveaux (oignons verts), hachés
1–2 olives farcies, tranchées
5 ml/1 cuillère à café d'huile
15 ml/1 cuillère à soupe de jambon cuit finement haché
1 oeuf
Sel et poivre noir fraîchement moulu
15 ml/1 cuillère à soupe de crème épaisse ou de crème fraîche
5 ml/1 cuillère à café de persil, de ciboulette ou de coriandre (coriandre) très finement hachés

Badigeonnez un petit ramequin (coque à crème anglaise) ou un plat à soufflé individuel de beurre fondu ou de margarine. Ajouter la tomate, les oignons nouveaux, les olives, l'huile et le jambon. Couvrir avec une soucoupe et chauffer à pleine puissance pendant 1 minute. Cassez délicatement l'œuf et percez le jaune deux fois avec une pique à brochette ou la pointe d'un couteau. Bien assaisonner au goût. Napper de crème et parsemer d'herbes. Couvrir comme avant et cuire sur Defrost pendant 3 minutes. Laisser reposer 1 minute avant de déguster.

Pudding au fromage et au persil

Pour 4 à 6 personnes

4 grandes tranches de pain blanc
50 g/2 oz/¼ tasse de beurre, à la température de la cuisine
175 g/6 oz/1½ tasse de fromage cheddar de couleur orange
45 ml/3 cuillères à soupe de persil haché
600 ml/1 pt/2½ tasses de lait froid
3 oeufs
5 ml/1 cuillère à café de sel
Paprika

Tartinez le pain de beurre et coupez chaque tranche en quatre carrés. Bien beurrer un plat de 1,75 litre/3 pt/7½ tasse. Disposez la moitié des carrés de pain, côté beurré vers le haut, sur le fond du plat. Parsemer des deux tiers du fromage et de tout le persil. Disposez le reste du pain sur le dessus, côté beurré vers le haut. Versez le lait dans un pichet et chauffez, à découvert, sur Full pendant 3 minutes. Battre les œufs jusqu'à consistance mousseuse, puis incorporer progressivement le lait. Incorporer le sel. Verser délicatement sur le pain et le beurre. Saupoudrer le reste du fromage et saupoudrer de paprika. Couvrir d'essuie-tout et cuire sur Décongeler pendant 30 minutes. Laisser reposer 5 minutes, puis dorer sous un gril chaud (gril), si désiré, avant de servir.

Pain et beurre Pudding au fromage et au persil avec noix de cajou

Pour 4 à 6 personnes

Préparez comme pour le Bread and Butter Cheese and Persil Pudding, mais ajoutez 45 ml/3 c. à soupe de noix de cajou, grillées et hachées grossièrement, avec le fromage et le persil.

Pouding au pain et au beurre aux quatre fromages

Pour 4 à 6 personnes

Préparez comme pour le pudding au fromage Bread and Butter et au persil, mais utilisez un mélange de fromages Cheddar râpé, Edam, Red

Leicester et Stilton émietté. Remplacez le persil par quatre oignons marinés hachés.

Crumpets au fromage et aux œufs

Pour 4 personnes

300 ml/10 fl oz/1 boîte de soupe aux champignons condensée
45 ml/3 cuillères à soupe de crème fleurette (légère)
125 g/4 oz/1 tasse de fromage Red Leicester, râpé
4 crumpets grillés chauds
4 œufs fraîchement pochés

Mettre la soupe, la crème et la moitié du fromage dans un bol de 900 ml/1½ pt/3¾ tasse. Chauffer, à découvert, à pleine puissance pendant 4 à 5 minutes jusqu'à ce qu'il soit chaud et lisse, en battant toutes les minutes. Déposez chaque crumpet sur une assiette chaude et recouvrez d'un œuf. Enrober avec le mélange de champignons, saupoudrer du reste du fromage et chauffer un à la fois à pleine puissance pendant environ 1 minute jusqu'à ce que le fromage soit fondu et bouillonne. Mangez tout de suite.

Pudding renversé au fromage et aux tomates

Pour 4 personnes

225 g/8 oz/2 tasses de farine auto-levante (auto-levante)
5 ml/1 cuillère à café de moutarde en poudre
5 ml/1 cuillère à café de sel
125 g/4 oz/½ tasse de beurre ou de margarine
125 g/4 oz/1 tasse de fromage Edam ou Cheddar, râpé
2 œufs, battus
150 ml/¼ pt/2/3 tasse de lait froid
4 grosses tomates, blanchies, pelées et hachées
15 ml/1 cuillère à soupe de persil haché ou de coriandre (coriandre)

Graisser un moule à pudding rond et profond de 1,75 litre/3 pt/7½ tasse avec du beurre. Tamiser la farine, la poudre de moutarde et 2,5 ml/½ cuillère à café de sel dans un bol. Frotter finement le beurre ou la margarine, puis incorporer le fromage. Mélanger jusqu'à consistance molle avec les œufs et le lait. Étendre doucement dans le bassin préparé. Cuire, à découvert, à pleine puissance pendant 6 minutes. Mélanger les tomates avec le sel restant. Placer dans un bol peu profond et couvrir d'une assiette. Retirer le pudding du four et le retourner délicatement dans un plat peu profond. Couvrir d'essuie-tout et cuire à pleine puissance pendant encore 2 minutes. Retirer du four et couvrir d'un morceau de papier d'aluminium pour conserver la chaleur. Mettez les tomates au micro-ondes et chauffez sur Full pendant 3 minutes. Verser sur le pudding, saupoudrer d'herbes et servir chaud.

Croustillants de pizza

Pour 4 personnes

45 ml/3 cuillères à soupe de purée de tomates (pâte)
30 ml/2 cuillères à soupe d'huile d'olive
1 gousse d'ail, écrasée
4 crumpets grillés chauds
2 tomates, tranchées finement
175 g/6 oz de fromage Mozzarella, tranché
12 olives noires

Mélanger la purée de tomates, l'huile d'olive et l'ail et répartir sur les crumpets. Disposez les rondelles de tomates dessus. Couvrir avec le fromage et piquer avec les olives. Chauffez un à la fois à pleine puissance pendant environ 1 à 1 ½ minute jusqu'à ce que le fromage commence à fondre. Mangez tout de suite.

Loup de mer au gingembre avec oignons

Pour 8 personnes

Une spécialité cantonaise et un buffet typiquement chinois.

2 loups de mer de 450 g/1 lb chacun, nettoyés mais sans tête
8 oignons nouveaux (oignons verts)
5 ml/1 cuillère à café de sel
2,5 ml/½ cuillère à café de sucre
2,5 cm/1 en morceau de racine de gingembre frais, pelé et finement haché
45 ml/3 cuillères à soupe de sauce soja

Laver le poisson à l'intérieur et à l'extérieur. Sécher avec du papier absorbant. Faire trois entailles diagonales avec un couteau bien aiguisé, à environ 2,5 cm/1 po d'intervalle, des deux côtés de chaque poisson. Disposer tête bêche dans un plat de 30 3 20 cm/12 3 8 po. Équeutez et équeutez les oignons, coupez-les en fils dans le sens de la longueur et saupoudrez-les sur le poisson. Bien mélanger les ingrédients restants et utiliser pour enrober le poisson. Couvrez le plat avec du film alimentaire (pellicule plastique) et incisez-le deux fois pour permettre à la vapeur de s'échapper. Cuire à pleine puissance pendant 12 minutes en retournant le plat une fois. Transférer le poisson dans une assiette de service et l'enrober avec les oignons et le jus du plat.

Paquets de truite

Pour 2

Les chefs professionnels appellent cela des truites en papillote. Les colis de délicates truites préparées simplement font un plat de poisson intelligent.

2 grosses truites nettoyées, 450 g/1 lb chacune, lavées mais sans tête

1 oignon, tranché épais

1 petit citron ou lime, en tranches épaisses

2 grandes feuilles de laurier séchées grossièrement émiettées

2,5 ml/½ cuillère à café d'herbes de Provence

5 ml/1 cuillère à café de sel

Préparez deux rectangles de papier sulfurisé de 40 3 35 cm/16 3 14 po chacun. Placer l'oignon et les tranches de citron ou de citron vert dans les cavités du poisson avec les feuilles de laurier. Transférer sur les rectangles de papier sulfurisé et saupoudrer d'herbes et de sel. Enveloppez chaque truite individuellement, puis mettez les deux paquets ensemble dans un plat peu profond. Cuire à pleine puissance pendant 14 minutes en retournant le plat une fois. Laisser reposer 2 minutes. Transférer chacun dans une assiette chaude et ouvrir les paquets à table.

Lotte brillante aux haricots fins

Pour 4 personnes

125 g/4 oz de haricots français (verts) ou du Kenya, équeutés et équeutés

150 ml/¼ pt/2/3 tasse d'eau bouillante

450 g/1 livre de lotte

15 ml/1 cuillère à soupe de fécule de maïs (maïzena)

1,5–2,5 ml/¼–½ cuillère à café de cinq épices chinoises en poudre

45 ml/3 cuillères à soupe d'alcool de riz ou de xérès moyen

5 ml/1 cuillère à café de sauce aux huîtres en bouteille

2,5 ml/½ cuillère à café d'huile de sésame

1 gousse d'ail, écrasée

50 ml/2 fl oz/3½ cuillères à soupe d'eau chaude

15 ml/1 cuillère à soupe de sauce soja

Nouilles aux œufs, pour servir

Coupez les haricots en deux. Placer dans un plat rond de 1,25 litre/2¼ pt/5½ tasse. Ajouter l'eau bouillante. Couvrez d'un film alimentaire (pellicule plastique) et incisez-le deux fois pour permettre à la vapeur de s'échapper. Cuire à plein pendant 4 minutes. Égoutter et réserver.

Lavez la lotte et coupez-la en fines lanières. Mélanger la farine de maïs et la poudre d'épices avec le vin de riz ou le xérès jusqu'à consistance lisse. Incorporer les ingrédients restants. Transférer dans le plat dans lequel les haricots ont été cuits. Cuire, à découvert, à pleine puissance pendant 1 ½ minute. Remuer jusqu'à consistance lisse, puis incorporer les haricots et la lotte. Couvrir comme avant et cuire à pleine puissance pendant 4 minutes. Laisser reposer 2 minutes, puis remuer et servir.

Crevettes brillantes avec mange-tout

Pour 4 personnes

Préparez la même chose que pour la lotte brillante aux haricots fins, mais remplacez les haricots par des mange-tout (pois mange-tout) et faites-les cuire pendant seulement 2 ½ à 3 minutes car ils doivent rester croustillants. Remplacer la lotte par des crevettes décortiquées (crevettes).

Cabillaud de Normandie au Cidre et au Calvados

Pour 4 personnes

50 g/2 oz/¼ tasse de beurre ou de margarine
1 oignon, tranché très finement
3 carottes, tranchées très finement
50 g/2 oz de champignons, parés et tranchés finement
4 gros pavés de cabillaud d'environ 225 g/8 oz chacun
5 ml/1 cuillère à café de sel
150 ml/¼ pt/2/3 tasse de cidre
15 ml/1 cuillère à soupe de fécule de maïs (maïzena)
25 ml/1½ cuillère à soupe d'eau froide
15 ml/1 cuillère à soupe de calvados
Persil, pour garnir

Mettre la moitié du beurre ou de la margarine dans un plat profond de 20 cm de diamètre. Faites fondre, à découvert, à pleine puissance pendant 45 à 60 secondes. Mélanger l'oignon, les carottes et les champignons. Disposer le poisson en une seule couche sur le dessus. Saupoudrer de sel. Verser le cidre dans le plat et parsemer les steaks du reste de beurre ou de margarine. Couvrez d'un film alimentaire (pellicule plastique) et incisez-le deux fois pour permettre à la vapeur de s'échapper. Cuire à pleine puissance pendant 8 minutes en retournant le plat quatre fois. Vider délicatement le jus de cuisson et réserver. Mélanger doucement la maïzena avec l'eau et le calvados. Ajouter les jus de poisson. Cuire, à découvert, à pleine puissance pendant 2 à 2 minutes et demie jusqu'à ce que la sauce épaississe, en fouettant toutes les 30 secondes. Disposer le poisson sur une assiette de service chaude et garnir de légumes. Nappez de sauce et décorez de persil.

Paëlla au poisson

Pour 6 à 8 personnes

Le plat de riz le plus connu d'Espagne, connu dans le monde entier grâce aux voyages internationaux.

900 g/2 lb de filet de saumon sans peau, coupé en cubes
1 sachet de safran en poudre
60 ml/4 cuillères à soupe d'eau chaude
30 ml/2 cuillères à soupe d'huile d'olive
2 oignons, hachés
2 gousses d'ail, écrasées
1 poivron vert (poivron), épépiné et haché grossièrement
225 g/8 oz/1 tasse de riz à risotto italien ou espagnol
175 g/6 oz/1½ tasses de pois surgelés ou frais
600 ml/1 pt/2½ tasses d'eau bouillante
7,5 ml/1½ cuillère à café de sel

3 tomates, blanchies, pelées et coupées en quartiers
75 g/3 oz/¾ tasse de jambon cuit, coupé en dés
125 g/4 oz/1 tasse de crevettes décortiquées (crevettes)
250 g/9 oz/1 grande boîte de moules en saumure
Quartiers ou tranches de citron, pour garnir

Disposez les cubes de saumon sur le pourtour d'une cocotte (faitout hollandais) de 25 cm de diamètre en laissant un petit creux au centre. Couvrez le plat avec du film alimentaire (pellicule plastique) et incisez-le deux fois pour permettre à la vapeur de s'échapper. Cuire sur décongeler pendant 10 à 11 minutes, en retournant le plat deux fois, jusqu'à ce que le poisson ait l'air feuilleté et juste cuit. Égoutter et réserver le liquide et réserver le saumon. Lavez et séchez le plat. Vider le safran dans un petit bol, ajouter l'eau chaude et laisser tremper 10 minutes. Versez l'huile dans le plat nettoyé et ajoutez les oignons, l'ail et le poivron vert. Cuire, à découvert, à pleine puissance pendant 4 minutes. Ajouter le riz, le safran et l'eau de trempage, les pois, les cubes de saumon, le liquide de saumon réservé, l'eau bouillante et le sel. Bien mélanger mais délicatement. Couvrir comme avant et cuire à pleine puissance pendant 10 minutes. Laisser reposer au micro-ondes pendant 10 minutes. Cuire à plein pendant 5 minutes supplémentaires. Découvrir et incorporer délicatement les tomates et le jambon. Garnir avec les crevettes, les moules et le citron et servir.

Harengs sous-marins

Pour 4 personnes

4 harengs d'environ 450 g/1 lb chacun, en filets
2 grandes feuilles de laurier grossièrement émiettées
15 ml/1 cuillère à soupe d'épices à marinade mélangées
2 oignons, tranchés et séparés en rondelles
150 ml/¼ pt/2/3 tasse d'eau bouillante
20 ml/4 cuillères à café de sucre semoule
10 ml/2 cuillères à café de sel
90 ml/6 cuillères à soupe de vinaigre de malt
Pain beurré, pour servir

Rouler chaque filet de hareng de la tête à la queue, côté peau à l'intérieur. Disposer sur le pourtour d'un plat creux de 25 cm de diamètre. Saupoudrer de feuilles de laurier et d'épices. Disposez les rondelles d'oignon entre les harengs. Bien mélanger les ingrédients restants et verser sur le poisson. Couvrez d'un film alimentaire (pellicule plastique) et incisez-le deux fois pour permettre à la vapeur de s'échapper. Cuire à plein pendant 18 minutes. Laisser refroidir, puis mettre au frais. A manger froid avec du pain et du beurre.

Moules Marinières

Pour 4 personnes

Plat national de la Belgique, toujours servi avec un accompagnement de frites (frites).

900 ml/2 pts/5 tasses de moules fraîches
15 g/½ oz/l de beurre ou de margarine
1 petit oignon, haché
1 gousse d'ail, écrasée
150 ml/¼ pt/2/3 tasse de vin blanc sec
1 sachet bouquet garni
1 feuille de laurier séchée, émiettée
7,5 ml/1½ cuillère à café de sel
20 ml/4 cuillères à café de chapelure blanche fraiche
20 ml/4 cuillères à café de persil haché

Laver les moules sous l'eau courante froide. Grattez les balanes, puis coupez les barbes. Jeter les moules dont la coquille est fêlée ou celles qui sont ouvertes; ils peuvent provoquer une intoxication alimentaire. Laver à nouveau. Mettez le beurre ou la margarine dans un bol profond. Faites fondre, à découvert, à pleine puissance pendant environ 30 secondes. Mélanger l'oignon et l'ail. Couvrir d'une assiette et cuire à pleine puissance pendant 6 minutes en remuant deux fois. Ajouter le vin, le bouquet garni, le laurier, le sel et les moules. Remuez doucement pour mélanger. Couvrir comme avant et cuire à pleine puissance pendant 5 minutes. À l'aide d'une écumoire, transférer les moules dans quatre bols profonds ou assiettes à soupe. Incorporer la chapelure et la moitié du persil dans le liquide de cuisson, puis verser sur les moules. Parsemez du reste de persil et servez aussitôt.

Maquereau à la rhubarbe et sauce aux raisins secs

Pour 4 personnes

La sauce aigre-douce joliment colorée équilibre magnifiquement le riche maquereau.

350 g/12 oz de jeune rhubarbe, hachée grossièrement
60 ml/4 cuillères à soupe d'eau bouillante
30 ml/2 cuillères à soupe de raisins secs
30 ml/2 cuillères à soupe de sucre semoule
2,5 ml/½ cuillère à café d'essence de vanille (extrait)
Le zeste finement râpé et le jus de ½ petit citron
4 maquereaux, nettoyés, désossés et têtes jetées
50 g/2 oz/¼ tasse de beurre ou de margarine
Sel et poivre noir fraîchement moulu

Mettre la rhubarbe et l'eau dans une cocotte (faitout hollandais). Couvrez d'un film alimentaire (pellicule plastique) et incisez-le deux fois pour permettre à la vapeur de s'échapper. Cuire à pleine puissance pendant 6 minutes en retournant le plat trois fois. Découvrir et réduire en purée la rhubarbe. Incorporer les raisins secs, le sucre, l'essence de vanille et le zeste de citron, puis réserver. Côté peau face à vous, repliez chaque maquereau en deux dans le sens transversal de la tête à la queue. Mettre le beurre ou la margarine et le jus de citron dans un plat profond de 20 cm de diamètre. Faire fondre à plein pendant 2 minutes. Ajouter le poisson et l'enrober des ingrédients fondus. Saupoudrez de sel et de poivre. Couvrez d'un film alimentaire (pellicule plastique) et incisez-le deux fois pour permettre à la vapeur de s'échapper. Cuire à feu moyen pendant 14 à 16 minutes jusqu'à ce que le poisson ait l'air feuilleté. Laisser reposer 2 minutes. Chauffez la sauce à la rhubarbe sur Full pendant 1 minute et servez avec le maquereau.

Hareng sauce au cidre de pomme

Pour 4 personnes

Préparez comme pour le maquereau avec sauce à la rhubarbe et aux raisins secs, mais remplacez l'eau par des pommes à cuire (tartes) pelées et évidées. Omettre les raisins secs.

Carpe en Sauce Gelée

Pour 4 personnes

1 carpe bien fraîche, nettoyée et coupée en 8 tranches fines
30 ml/2 cuillères à soupe de vinaigre de malt
3 carottes, tranchées finement
3 oignons, tranchés finement
600 ml/1 pt/2½ tasses d'eau bouillante
10–15 ml/2–3 cuillères à café de sel

Lavez la carpe, puis faites-la tremper pendant 3 heures dans suffisamment d'eau froide avec le vinaigre ajouté pour recouvrir le poisson. (Cela enlève le goût boueux.) Placer les carottes et les oignons dans un plat profond de 23 cm de diamètre avec l'eau bouillante et le sel. Couvrez d'un film alimentaire (pellicule plastique) et incisez-le deux fois pour permettre à la vapeur de s'échapper. Cuire à pleine puissance pendant 20 minutes en retournant le plat quatre fois. Égoutter en réservant le liquide. (Les légumes peuvent être utilisés ailleurs dans une soupe de poisson ou des sautés.) Reversez le liquide dans le plat. Ajouter la carpe en une seule couche. Couvrir comme avant et cuire à pleine puissance pendant 8 minutes en retournant le plat deux fois. Laisser reposer 3 minutes. A l'aide d'une tranche de poisson, transférer la carpe dans un plat peu profond. Couvrir et réfrigérer. Transférer le liquide dans une carafe et réfrigérer jusqu'à ce qu'il soit légèrement gélifié. Versez la gelée sur le poisson et servez.

Rollmops aux abricots

Pour 4 personnes

75 g/3 oz d'abricots secs
150 ml/¼ pt/2/3 tasse d'eau froide
3 rollmops achetés avec des oignons émincés
150 g/5 oz/2/3 tasse de crème fraîche
Feuilles de salade mixte
Pain croustillant

Lavez les abricots et coupez-les en petits morceaux. Mettre dans un bol avec l'eau froide. Couvrir d'une assiette renversée et chauffer à pleine puissance pendant 5 minutes. Laisser reposer 5 minutes. Drain. Couper les rollmops en lanières. Ajouter aux abricots avec les oignons et la crème fraîche. Bien mélanger. Couvrir et laisser mariner au réfrigérateur pendant 4 à 5 heures. Servir sur des feuilles de salade avec des biscottes.

Kipper poché

Pour 1

Le micro-ondes arrête l'odeur qui imprègne la maison et laisse le kipper juteux et tendre.

1 gros kipper non teint, environ 450 g/1 lb
120 ml/4 fl oz/½ tasse d'eau froide
Beurre ou margarine

Coupez le hareng en jetant la queue. Faire tremper pendant 3 à 4 heures dans plusieurs changements d'eau froide pour réduire la salinité, si désiré, puis égoutter. Placer dans un grand plat peu profond avec l'eau. Couvrez d'un film alimentaire (pellicule plastique) et incisez-le deux fois pour permettre à la vapeur de s'échapper. Cuire à plein pendant 4 minutes. Servir sur une assiette chaude avec une noisette de beurre ou de margarine.

Crevettes Madras

Pour 4 personnes

25 g/1 oz/2 cuillères à soupe de ghee ou 15 ml/1 cuillère à soupe d'huile d'arachide (arachide)
2 oignons, hachés
2 gousses d'ail, écrasées
15 ml/1 cuillère à soupe de poudre de curry fort
5 ml/1 cuillère à café de cumin moulu
5 ml/1 cuillère à café de garam masala

Jus de 1 petit citron vert
150 ml/¼ pt/2/3 tasse de bouillon de poisson ou de légumes
30 ml/2 cuillères à soupe de purée de tomates (pâte)
60 ml/4 cuillères à soupe de raisins secs (raisins dorés)
450 g/1 lb/4 tasses de crevettes décortiquées (crevettes), décongelées si congelées
175 g/6 oz/¾ tasse de riz à grains longs, bouilli
Popadoms

Mettez le ghee ou l'huile dans un plat profond de 20 cm de diamètre. Chauffer, à découvert, à pleine puissance pendant 1 minute. Bien mélanger les oignons et l'ail. Cuire, à découvert, à pleine puissance pendant 3 minutes. Ajouter la poudre de curry, le cumin, le garam masala et le jus de citron vert. Cuire, à découvert, à pleine puissance pendant 3 minutes, en remuant deux fois. Ajouter le bouillon, la purée de tomates et les raisins secs. Couvrir d'une assiette renversée et cuire à pleine puissance pendant 5 minutes. Égouttez les crevettes si nécessaire, puis ajoutez-les au plat et mélangez. Cuire, à découvert, à pleine puissance pendant 1 ½ minute. Servir avec le riz et les popadoms.

Rouleaux de plie Martini avec sauce

Pour 4 personnes

8 filets de carrelet de 175 g/6 oz chacun, lavés et séchés
Sel et poivre noir fraîchement moulu

Jus de 1 citron

2,5 ml/½ c. à thé de sauce Worcestershire

25 g/1 oz/2 cuillères à soupe de beurre ou de margarine

4 échalotes, pelées et hachées

100 g/3½ oz/1 tasse de jambon cuit, coupé en lanières

400 g/14 oz de champignons, tranchés finement

20 ml/4 cuillères à café de fécule de maïs (maïzena)

20 ml/4 cuillères à café de lait froid

250 ml/8 oz/1 tasse de bouillon de poulet

150 g/¼ pt/2/3 tasse de crème liquide (légère)

2,5 ml/½ cuillère à café de sucre en poudre (surfin)

1,5 ml/¼ cuillère à café de curcuma

10 ml/2 càc de martini bianco

Assaisonnez le poisson avec du sel et du poivre. Laisser mariner dans le jus de citron et la sauce Worcestershire pendant 15 à 20 minutes. Faire fondre le beurre ou la margarine dans une casserole (poêle). Ajouter les échalotes et faire revenir (sauter) doucement jusqu'à ce qu'elles soient tendres et semi-transparentes. Ajouter le jambon et les champignons et faire sauter pendant 7 minutes. Mélanger la maïzena avec le lait froid jusqu'à consistance lisse et ajouter le reste des ingrédients. Rouler les filets de carrelet et les piquer avec des pics à cocktail (cure-dents). Disposer dans un plat creux de 20 cm de diamètre. Enrober du mélange de champignons. Couvrez d'un film alimentaire (pellicule plastique) et incisez-le deux fois pour permettre à la vapeur de s'échapper. Cuire à plein pendant 10 minutes.

Ragoût de Coquillages aux Noix

Pour 4 personnes

30 ml/2 cuillères à soupe d'huile d'olive

1 oignon, pelé et haché

2 carottes, pelées et coupées en petits dés

3 branches de céleri, coupées en fines lanières

1 poivron rouge (poivron), épépiné et coupé en lanières

1 poivron vert (poivron), épépiné et coupé en lanières

1 petite courgette (zucchini), parée et tranchée finement

250 ml/8 fl oz/1 tasse de vin rosé

1 sachet bouquet garni

325 ml/11 fl oz/11/3 tasses de bouillon de légumes ou de poisson

400 g/14 oz/1 grosse boîte de tomates hachées

125 g/4 oz d'anneaux de calmar

125 g/4 oz de moules décortiquées cuites

200 g/7 oz de limande de limande ou de filet de plie, coupée en morceaux

4 crevettes géantes (crevettes géantes), cuites

50 g/2 oz/½ tasse de noix, hachées grossièrement

30 ml/2 cuillères à soupe d'olives noires dénoyautées (dénoyautées)

10 ml/2 cuillères à café de gin

Jus de ½ petit citron

2,5 ml/½ cuillère à café de sucre semoule

1 baguette

30 ml/2 cuillères à soupe de feuilles de basilic grossièrement hachées

Verser l'huile dans un plat de 2,5 litres/4½ pt/11 tasses. Chauffer, à découvert, à pleine puissance pendant 2 minutes. Ajouter les légumes préparés et mélanger dans l'huile pour enrober. Couvrez d'un film alimentaire (pellicule plastique) et incisez-le deux fois pour permettre à la vapeur de s'échapper. Cuire à plein pendant 5 minutes. Ajouter le vin et le bouquet garni. Couvrir comme avant et cuire à pleine puissance pendant 5 minutes. Ajouter le bouillon, les tomates et le poisson. Recouvrez et faites cuire à pleine puissance pendant 10 minutes. Mélanger tous les ingrédients restants sauf le basilic. Recouvrez et faites cuire à plein pendant 4 minutes. Parsemez de basilic et servez chaud.

Potée de morue

Pour 4 personnes

25 g/1 oz/2 cuillères à soupe de beurre ou de margarine
1 oignon, pelé et haché
2 carottes, pelées et coupées en petits dés
2 branches de céleri, tranchées finement
150 ml/¼ pt/2/3 tasse de vin blanc demi-sec
400 g/14 oz de filet de cabillaud sans peau, coupé en gros cubes
15 ml/1 cuillère à soupe de fécule de maïs (maïzena)
75 ml/5 cuillères à soupe de lait froid
350 ml/12 fl oz/1½ tasse de bouillon de poisson ou de légumes
Sel et poivre noir fraîchement moulu
75 ml/5 cuillères à soupe d'aneth haché (aneth)
300 ml/½ pt/1¼ tasse de crème double (épaisse), légèrement fouettée
2 jaunes d'œufs

Mettre le beurre ou la margarine dans une cocotte de 20 cm de diamètre (faitout hollandais). Chauffer, à découvert, à pleine puissance pendant 2 minutes. Mélanger les légumes et le vin. Couvrez d'un film alimentaire (pellicule plastique) et incisez-le deux fois pour permettre à la vapeur de s'échapper. Cuire à plein pendant 5 minutes. Laisser reposer 3 minutes. Dévoiler. Ajouter le poisson aux légumes. Mélanger la maïzena avec le lait froid jusqu'à consistance lisse, puis l'ajouter à la cocotte avec le bouillon. Saison. Couvrir comme avant et cuire à pleine puissance pendant 8 minutes. Ajouter l'aneth. Bien mélanger la crème avec les jaunes d'œufs et verser dans la cocotte. Couvrir et cuire à pleine puissance pendant 1 ½ minute.

Potée de morue fumée

Pour 4 personnes

Préparez comme pour la marmite de morue, mais remplacez le filet de morue fumée par du frais.

Lotte à la Crème de Citron Doré

Pour 6 personnes

300 ml/½ pt/1¼ tasse de lait entier
25 g/1 oz/2 cuillères à soupe de beurre ou de margarine, à la température de la cuisine
675 g/1½ lb de filets de lotte, coupés en bouchées
45 ml/3 cuillères à soupe de farine ordinaire (tout usage)
2 gros jaunes d'œufs
Jus de 1 gros citron
2,5–5 ml/½ –1 cuillère à café de sel
2,5 ml/½ cuillère à café d'estragon finement haché
Caissettes de vol-au-vent cuites ou tranches de pain ciabatta grillées

Versez le lait dans un pichet et chauffez, à découvert, sur Full pendant 2 minutes. Mettre le beurre ou la margarine dans un plat profond de 20 cm de diamètre. Faire fondre, à découvert, sur Décongeler pendant 1 minute et demie. Enrober les morceaux de poisson de farine et les ajouter au beurre ou à la margarine dans le plat. Verser doucement le lait. Couvrez d'un film alimentaire (pellicule plastique) et incisez-le deux fois pour permettre à la vapeur de s'échapper. Cuire à plein pendant 7 minutes. Battre ensemble les jaunes d'œufs, le jus de citron et le sel et incorporer au poisson. Cuire, à découvert, à pleine puissance pendant 2 minutes. Laisser reposer 5 minutes. Remuer, saupoudrer d'estragon et servir dans des caissettes à vol-au-vent ou avec des tranches de ciabatta grillées.

Sole en sauce crémeuse au citron doré

Pour 6 personnes

Préparez comme pour la lotte à la crème au citron doré, mais remplacez les morceaux de lotte par de la sole coupée en lanières.

Sauce hollandaise au saumon

Pour 4 personnes

4 pavés de saumon, 175–200 g/6–7 oz chacun
150 ml/¼ pt d'eau/2/3 tasse d'eau ou de vin blanc sec
2,5 ml/½ cuillère à café de sel
sauce hollandaise

Disposez les steaks sur les côtés d'un plat profond de 20 cm de diamètre. Ajouter l'eau ou le vin. Saupoudrer le poisson de sel. Couvrez d'un film alimentaire (pellicule plastique) et incisez-le deux fois pour permettre à la vapeur de s'échapper. Cuire sur Defrost (pour éviter que le saumon ne crache) pendant 16 à 18 minutes. Laisser reposer 4 minutes. Débarrasser sur quatre assiettes chaudes avec une tranche de poisson en égouttant le liquide. Enrober chacun de sauce hollandaise.

Hollandaise de saumon à la coriandre

Pour 4 personnes

Préparez comme pour la sauce hollandaise au saumon, mais ajoutez 30 ml/2 cuillères à soupe de coriandre hachée (coriandre) à la sauce dès la fin de la cuisson. Pour plus de saveur, mélanger 10 ml/2 c. à thé de mélisse hachée.

Flocons de mayonnaise au saumon

Pour 6 personnes

900 g/2 lb de filet de saumon frais, sans peau
Sel et poivre noir fraîchement moulu
Beurre fondu ou margarine (facultatif)
50 g/2 oz/½ tasse d'amandes effilées (effilées), grillées
1 petit oignon, haché finement
30 ml/2 cuillères à soupe de persil finement haché
5 ml/1 cuillère à café d'estragon haché
200 ml/7 oz/à peine 1 tasse de mayonnaise à la française
Feuilles de laitue
Sprays de fenouil, pour garnir

Diviser le saumon en quatre portions. Disposer sur le pourtour d'un plat creux de 25 cm de diamètre. Saupoudrez de sel et de poivre et versez un peu de beurre fondu ou de margarine sur le dessus si vous le souhaitez. Couvrez d'un film alimentaire (pellicule plastique) et incisez-le deux fois pour permettre à la vapeur de s'échapper. Cuire sur décongeler pendant 20 minutes. Laisser tiédir puis émietter le poisson à l'aide de deux fourchettes. Transférer dans un bol, ajouter la moitié des amandes et l'oignon, le persil et l'estragon. Incorporer délicatement la mayonnaise jusqu'à ce qu'elle soit bien mélangée et humide. Tapisser un long plat de service de feuilles de laitue. Disposez une ligne de mayonnaise au saumon sur le dessus. Parsemez du reste d'amandes et décorez de fenouil.

Rôti de saumon à la méditerranéenne

Pour 6 à 8 personnes

1,5 kg/portion de 3 lb de saumon coupe moyenne
60 ml/4 cuillères à soupe d'huile d'olive
60 ml/4 cuillères à soupe de jus de citron
60 ml/4 cuillères à soupe de purée de tomates (pâte)
15 ml/1 cuillère à soupe de feuilles de basilic hachées
7,5 ml/1 ½ cuillère à café de sel
45 ml/3 cuillères à soupe de petites câpres égouttées
45 ml/3 cuillères à soupe de persil haché

Laver le saumon en s'assurant que toutes les écailles sont grattées. Placer dans un plat profond de 20 cm de diamètre. Fouetter ensemble les ingrédients restants et verser sur le poisson. Couvrir d'une assiette et laisser mariner au réfrigérateur pendant 3 heures. Couvrez d'un film alimentaire (pellicule plastique) et incisez-le deux fois pour permettre à la vapeur de s'échapper. Cuire à pleine puissance pendant 20 minutes en retournant le plat deux fois. Diviser en portions pour servir.

Kedgeree au curry

Pour 4 personnes

Autrefois un plat de petit-déjeuner, particulièrement associé à l'époque coloniale en Inde au tournant du siècle, le kedgeree est maintenant plus souvent servi pour le déjeuner.

350 g/12 oz de filet de haddock ou de cabillaud fumé
60 ml/4 cuillères à soupe d'eau froide
50 g/2 oz/¼ tasse de beurre ou de margarine
225 g/8 oz/1 tasse de riz basmati
15 ml/1 cuillère à soupe de poudre de curry doux
600 ml/1 pt/2½ tasses d'eau bouillante
3 œufs durs (cuits durs)
150 ml/¼ pt/2/3 tasse de crème liquide (légère)
15 ml/1 cuillère à soupe de persil haché
Sel et poivre noir fraîchement moulu
Brins de persil, pour garnir

Mettez le poisson dans une assiette creuse avec l'eau froide. Couvrez d'un film alimentaire (pellicule plastique) et incisez-le deux fois pour permettre à la vapeur de s'échapper. Cuire à plein pendant 5 minutes. Drain. Émiettez la chair à l'aide de deux fourchettes en enlevant la peau et les arêtes. Placer le beurre ou la margarine dans un plat de service rond résistant à la chaleur de 1,75 litre/3 pt/7½ tasse et faire fondre sur Décongeler pendant 1½ à 2 minutes. Incorporer le riz, la poudre de curry et l'eau bouillante. Couvrir comme avant et cuire à pleine puissance pendant 15 minutes. Hacher deux des œufs et incorporer dans le plat avec le poisson, la crème et le persil, assaisonner au goût. Fourchette ronde, couvrir avec une plaque inversée et réchauffer sur Full pendant 5 minutes. Trancher l'œuf restant. Sortir le plat du four à micro-ondes et garnir avec l'œuf émincé et les brins de persil.

Kedgeree au saumon fumé

Pour 4 personnes

Préparez comme pour le Kedgeree au curry, mais substituez 225 g/8 oz de saumon fumé (lox), coupé en lanières, au haddock ou cabillaud fumé. Le saumon fumé n'a pas besoin d'être précuit.

Quiche au poisson fumé

Pour 6 personnes

175 g/6 oz de pâte brisée (pâte à tarte de base)
1 jaune d'oeuf, battu
125 g/4 oz de poisson fumé comme le maquereau, l'églefin, la morue ou la truite, cuit et émietté
3 oeufs
150 ml/¼ pt/2/3 tasse de crème aigre (laitière)
30 ml/2 cuillères à soupe de mayonnaise
Sel et poivre noir fraîchement moulu
75 g/3 oz/¾ tasse de fromage cheddar, râpé
Paprika
Salade composée

Beurrer légèrement un moule à flan cannelé en verre ou en porcelaine de 20 cm de diamètre. Étaler la pâte et l'utiliser pour tapisser le plat graissé. Bien piquer partout, surtout là où le côté rencontre la base. Cuire, à découvert, sur Full pendant 6 minutes en retournant le plat deux fois. Si des renflements apparaissent, appuyez avec les doigts protégés par des gants de cuisine. Badigeonner l'intérieur du fond de tarte (fond de tarte) avec le jaune d'œuf. Cuire à pleine puissance pendant 1 minute pour sceller les trous. Retirer du four. Couvrir le fond avec le poisson. Battre les œufs avec la crème et la mayonnaise, assaisonner au goût. Verser dans la quiche et saupoudrer de fromage et de paprika. Cuire, à découvert, à pleine puissance pendant 8 minutes. Servir chaud avec une salade.

Gombo aux crevettes de Louisiane

Pour 8 personnes

3 oignons, hachés
2 gousses d'ail
3 branches de céleri, finement hachées
1 poivron vert (poivron), épépiné et finement haché
50 g/2 oz/¼ tasse de beurre
60 ml/4 cuillères à soupe de farine ordinaire (tout usage)
900 ml/1½ pt/3¾ tasses de bouillon de légumes ou de poulet chaud
350 g/12 oz de gombo (doigts de dames), garnis et équeutés
15 ml/1 cuillère à soupe de sel
10 ml/2 cuillères à café de coriandre moulue (coriandre)
5 ml/1 cuillère à café de curcuma
2,5 ml/½ c. à thé de piment de la Jamaïque moulu
30 ml/2 cuillères à soupe de jus de citron
2 feuilles de laurier
5–10 ml/1–2 cc de sauce Tabasco
450 g/1 lb/4 tasses de crevettes décortiquées (crevettes), décongelées si congelées
350 g/12 oz/1½ tasse de riz à grains longs, bouilli

Placer les oignons dans un bol de 2,5 litres/4½ pt/11 tasses. Écraser l'ail sur le dessus. Ajouter le céleri et le poivron vert. Faire fondre le beurre sur Full pendant 2 minutes. Incorporer la farine. Cuire, à découvert, à pleine puissance pendant 5 à 7 minutes, en remuant quatre fois et en surveillant attentivement en cas de brûlure, jusqu'à ce que le mélange soit un roux clair de couleur biscuit. Incorporer progressivement le bouillon. Mettre de côté. Couper le gombo en morceaux et ajouter aux légumes avec tous les ingrédients restants sauf le Tabasco et les crevettes mais y compris le mélange de roux. Couvrez d'un film alimentaire (pellicule plastique) et incisez-le deux fois pour permettre à la vapeur de s'échapper. Cuire à plein pendant 25 minutes. Laisser reposer 5 minutes. Incorporer le Tabasco et les crevettes. Verser dans des bols profonds réchauffés et ajouter un monticule de riz fraîchement cuit à chacun. Mangez tout de suite.

Gombo de Lotte

Pour 8 personnes

Préparez comme pour Louisiana Prawn Gumbo, mais substituez le même poids de lotte désossée, coupée en lanières, aux crevettes (crevettes). Couvrir d'un film alimentaire (pellicule plastique) et cuire à pleine puissance pendant 4 minutes avant de transférer dans des bols de service.

Gumbo de poisson mélangé

Pour 8 personnes

Préparez comme pour Louisiana Prawn Gumbo, mais remplacez les crevettes (crevettes) par des filets de poisson en cubes assortis.

Truite aux Amandes

Pour 4 personnes

50 g/2 oz/¼ tasse de beurre
15 ml/1 cuillère à soupe de jus de citron
4 truites moyennes
50 g/2 oz/½ tasse d'amandes effilées (effilées), grillées
Sel et poivre noir fraîchement moulu
4 quartiers de citron
Brins de persil

Faites fondre le beurre en décongélation pendant 1 minute et demie. Incorporer le jus de citron. Disposer les truites, tête-bêche, dans un plat beurré de 25 3 20 cm/10 3 8 po. Enrober le poisson du mélange de beurre et saupoudrer d'amandes et d'assaisonnement. Couvrez d'un film alimentaire (pellicule plastique) et incisez-le deux fois pour permettre à la vapeur de s'échapper. Cuire à pleine puissance pendant 9 à 12 minutes en retournant le plat deux fois. Laisser reposer 5 minutes.

Transférer dans quatre assiettes chaudes. Verser dessus le jus de cuisson et décorer avec les quartiers de citron et les brins de persil.

Crevettes Provençales

Pour 4 personnes

225 g/8 oz/1 tasse de riz à grains longs facile à cuire
600 ml/1 pt/2½ tasses de bouillon de poisson ou de poulet chaud
5 ml/1 cuillère à café de sel
15 ml/1 cuillère à soupe d'huile d'olive
1 oignon, râpé
1–2 gousses d'ail, écrasées
6 grosses tomates très mûres, blanchies, pelées et hachées
15 ml/1 cuillère à soupe de feuilles de basilic hachées
5 ml/1 cuillère à café de cassonade foncée
450 g/1 lb/4 tasses de crevettes décortiquées surgelées (crevettes), non décongelées
Sel et poivre noir fraîchement moulu
Persil haché

Placer le riz dans un plat de 2 litres/3½ pt/8½ tasse. Incorporer le bouillon chaud et le sel. Couvrez d'un film alimentaire (pellicule plastique) et incisez-le deux fois pour permettre à la vapeur de s'échapper. Cuire à plein pendant 16 minutes. Laisser reposer 8 minutes pour que le riz absorbe toute l'humidité. Verser l'huile dans un plat de service de 1,75 litre/3 pt/7½ tasse. Chauffer, à découvert, à pleine puissance pendant 1 ½ minute. Incorporer l'oignon et l'ail. Cuire, à découvert, à pleine puissance pendant 3 minutes, en remuant deux fois. Ajouter les tomates avec le basilic et le sucre. Couvrir d'une assiette et cuire à pleine puissance pendant 5 minutes en remuant deux fois. Mélanger les crevettes congelées et l'assaisonnement au goût. Couvrir comme avant et cuire à pleine puissance pendant 4 minutes, puis séparer délicatement les crevettes. Recouvrez et faites cuire à pleine puissance pendant 3 minutes supplémentaires. Autorise à rester. Couvrir le riz avec une assiette et réchauffer en mode décongélation pendant 5 à 6 minutes. Répartir sur quatre assiettes chaudes et garnir du mélange de poisson et de tomates. Saupoudrer de persil et servir chaud.

Plie en sauce au céleri avec amandes grillées

Pour 4 personnes

8 filets de plie, poids total environ 1 kg/2¼ lb
300 ml/10 fl oz/1 boîte de crème de céleri condensée
150 m/¼ pt/2/3 tasse d'eau bouillante

15 ml/1 cuillère à soupe de persil finement haché

30 ml/2 cuillères à soupe d'amandes effilées (effilées), grillées

Rouler les filets de poisson de la tête à la queue, côté peau à l'intérieur. Disposer sur le pourtour d'un plat beurré profond de 25 cm de diamètre. Fouetter doucement la soupe et l'eau et incorporer le persil. Verser sur le poisson. Couvrez le plat avec du film alimentaire (pellicule plastique) et incisez-le deux fois pour permettre à la vapeur de s'échapper. Cuire à pleine puissance pendant 12 minutes en retournant le plat deux fois. Laisser reposer 5 minutes. Cuire à plein pendant 6 minutes supplémentaires. Dresser sur des assiettes chaudes et servir saupoudré d'amandes.

Filets à la sauce tomate à la marjolaine

Pour 4 personnes

Préparez comme pour la plie dans une sauce au céleri avec amandes grillées, mais remplacez le céleri par une soupe de tomates condensée et 2,5 ml/½ c. à thé de marjolaine séchée par le persil.

Filets Sauce Champignons au Cresson

Pour 4 personnes

Préparez comme pour la plie en sauce au céleri avec amandes grillées, mais remplacez la soupe de champignons condensée par du céleri et 30 ml/2 c. à soupe de cresson haché pour le persil.

Morue Hachée aux Œufs Pochés

Pour 4 personnes

Cela a été trouvé dans un carnet manuscrit du XIXe siècle, appartenant à la grand-mère d'un vieil ami.

675 g/1½ lb de filet de cabillaud sans peau
10 ml/2 cuillères à café de beurre fondu ou de margarine ou d'huile de tournesol
Paprika
Sel et poivre noir fraîchement moulu

50 g/2 oz/¼ tasse de beurre ou de margarine

8 gros oignons nouveaux (oignons verts), parés et hachés

350 g/12 oz de pommes de terre cuites froides, coupées en dés

150 ml/¼ pt/2/3 tasse de crème liquide (légère)

5 ml/1 cuillère à café de sel

4 œufs

175 ml/6 fl oz/¾ tasse d'eau chaude

5 ml/1 cuillère à café de vinaigre

Disposez le poisson dans une assiette creuse. Badigeonner d'un peu de beurre fondu ou de margarine ou d'huile. Assaisonner de paprika, sel et poivre. Couvrez d'un film alimentaire (pellicule plastique) et incisez-le deux fois pour permettre à la vapeur de s'échapper. Cuire en décongélation pendant 14 à 16 minutes. Émiettez le poisson avec deux fourchettes en enlevant les arêtes. Mettre le reste de beurre, de margarine ou d'huile dans une cocotte de 20 cm de diamètre (faitout hollandais). Chauffer, à découvert, sur Décongeler pendant 1½ à 2 minutes. Mélanger les oignons. Couvrir d'une assiette et cuire à pleine puissance pendant 5 minutes. Incorporer le poisson avec les pommes de terre, la crème et le sel. Couvrir comme avant et réchauffer à pleine puissance pendant 5 à 7 minutes jusqu'à ce qu'il soit très chaud, en remuant une ou deux fois. Gardez au chaud. Pour pocher les œufs, cassez-en deux délicatement dans un petit plat et ajoutez la moitié de l'eau et la moitié du vinaigre. Piquer les jaunes avec la pointe d'un couteau. Couvrir d'une assiette et cuire à pleine puissance pendant 2 minutes. Laisser reposer 1 minute. Répéter avec les œufs restants, l'eau chaude et le vinaigre. Répartir des portions de hachis sur quatre assiettes chaudes et garnir chacune d'un œuf.

Aiglefin et Légumes en Sauce au Cidre

Pour 4 personnes

50 g/2 oz/¼ tasse de beurre ou de margarine
1 oignon, tranché finement et séparé en rondelles
3 carottes, tranchées finement

50 g/2 oz de champignons de Paris, tranchés
4 morceaux d'aiglefin en filets et sans peau ou autre poisson blanc
5 ml/1 cuillère à café de sel
150 ml/¼ pt/2/3 tasses de cidre mi-doux
10 ml/2 cuillères à café de fécule de maïs (maïzena)
15 ml/1 cuillère à soupe d'eau froide

Mettre la moitié du beurre ou de la margarine dans un plat profond de 20 cm de diamètre. Faire fondre, à découvert, sur Décongeler pendant environ 1 minute et demie. Ajouter l'oignon, les carottes et les champignons. Disposez le poisson dessus. Saupoudrer de sel. Versez délicatement le cidre sur le poisson. Parsemer du reste de beurre ou de margarine. Couvrez d'un film alimentaire (pellicule plastique) et incisez-le deux fois pour permettre à la vapeur de s'échapper. Cuire à plein pendant 8 minutes. Dans un pichet en verre, mélanger doucement la maïzena avec l'eau froide et filtrer délicatement la liqueur de poisson. Cuire, à découvert, à pleine puissance pendant 2½ minutes jusqu'à épaississement, en fouettant toutes les minutes. Verser sur le poisson et les légumes. Versez dans des assiettes chaudes et dégustez aussitôt.

Tarte Bord de mer

Pour 4 personnes

Pour la garniture :

700 g/1½ lb de pommes de terre farineuses, poids non pelées

75 ml/5 cuillères à soupe d'eau bouillante

15 ml/1 cuillère à soupe de beurre ou de margarine

75 ml/5 cuillères à soupe de lait ou de crème liquide (légère)

Sel et poivre fraîchement moulu

Noix de muscade râpée

Pour la sauce:

300 ml/½ pt/1¼ tasse de lait froid

30 ml/2 cuillères à soupe de beurre ou de margarine

20 ml/4 cuillères à café de farine ordinaire (tout usage)

75 ml/5 c. à soupe de fromage Red Leicester ou Cheddar coloré, râpé

5 ml/1 cuillère à café de moutarde complète

5 ml/1 cuillère à café de sauce Worcestershire

Pour le mélange de poisson :

450 g/1 lb de filet de poisson blanc sans peau, à la température de la cuisine

Beurre fondu ou margarine

Paprika

60 ml/4 c. à soupe de fromage Red Leicester ou Cheddar coloré, râpé

Pour faire la garniture, lavez et épluchez les pommes de terre et coupez-les en gros cubes. Mettre dans un plat de 1,5 litre/2½ pt/6 tasses avec l'eau bouillante. Couvrez d'un film alimentaire (pellicule plastique) et incisez-le deux fois pour permettre à la vapeur de s'échapper. Cuire à pleine puissance pendant 15 minutes en retournant le plat deux fois. Laisser reposer 5 minutes. Égoutter et écraser soigneusement avec le beurre ou la margarine et le lait ou la crème, en battant jusqu'à consistance mousseuse. Assaisonner au goût avec du sel, du poivre et de la muscade.

Pour faire la sauce, faites chauffer le lait, à découvert, à pleine puissance pendant 1 ½ minute. Mettre de côté. Faire fondre le beurre ou la margarine, à découvert, sur Décongeler pendant 1 à 1 ½ minutes. Incorporer la farine. Cuire, à découvert, à pleine puissance pendant 30 secondes. Incorporer progressivement le lait. Cuire à pleine puissance pendant environ 4 minutes, en battant toutes les minutes pour assurer l'onctuosité, jusqu'à ce que la sauce épaississe. Incorporer le fromage avec le reste des ingrédients de la sauce.

Pour faire le mélange de poisson, disposez les filets dans un plat peu profond et badigeonnez-les de beurre fondu ou de margarine. Assaisonner de paprika, sel et poivre. Couvrez d'un film alimentaire (pellicule plastique) et incisez-le deux fois pour permettre à la vapeur de s'échapper. Cuire à plein pendant 5 à 6 minutes. Émiettez le poisson avec deux fourchettes en enlevant les arêtes. Transférer dans un plat beurré de 1,75 litre/3 pt/7½ tasse. Mélanger à la sauce. Couvrir avec les pommes de terre et saupoudrer de fromage et de paprika supplémentaire. Réchauffer, à découvert, à pleine puissance pendant 6 à 7 minutes.

Garnitures de poisson fumé

Pour 2

2 portions d'aiglefin fumé surgelées de 175 g/6 oz chacune
Poivre noir fraîchement moulu
1 petite courgette (zucchini), tranchée
1 petit oignon, tranché finement
2 tomates, blanchies, pelées et hachées
½ poivron rouge (poivron), épépiné et coupé en lanières
15 ml/1 cuillère à soupe de ciboulette ciselée

Disposer le poisson dans un plat creux de 18 cm de diamètre. Assaisonner de poivre. Couvrez d'un film alimentaire (pellicule plastique) et incisez-le deux fois pour permettre à la vapeur de s'échapper. Cuire à plein pendant 8 minutes. Verser le jus sur le poisson, puis laisser reposer 1 minute. Placer les légumes dans une autre cocotte de taille moyenne (faitout hollandais). Couvrir d'une assiette et cuire à pleine puissance pendant 5 minutes en remuant une fois. Déposer les légumes sur le poisson. Couvrir comme avant et cuire à pleine puissance pendant 2 minutes. Parsemez de ciboulette et servez.

Filets de Coley avec Poireaux et Marmelade de Citron

Pour 2

Un arrangement décalé de la Sea Fish Authority d'Édimbourg, qui a également fait don des trois recettes suivantes.

15 ml/1 cuillère à soupe de beurre
1 gousse d'ail, pelée et écrasée
1 poireau, fendu et tranché finement
2 filets de lieu noir de 175 g/6 oz chacun, sans la peau
Jus de ½ citron
10 ml/2 cuillères à café de marmelade de citron
Sel et poivre noir fraîchement moulu

Mettre le beurre, l'ail et le poireau dans un plat profond de 18 cm de diamètre. Couvrez d'un film alimentaire (pellicule plastique) et incisez-le deux fois pour permettre à la vapeur de s'échapper. Cuire à plein pendant 2½ minutes. Dévoiler. Disposer les filets dessus et arroser de la moitié du jus de citron. Couvrir comme avant et cuire à pleine puissance pendant 7 minutes. Transférer le poisson dans deux assiettes chaudes et réserver au chaud. Mélanger le jus de citron restant, la marmelade et l'assaisonnement au jus de poisson et au poireau. Couvrir d'une assiette et cuire à pleine puissance pendant 1 ½ minute. Verser sur le poisson et servir.

Poisson de mer dans une veste

Pour 4 personnes

4 pommes de terre à cuire, non pelées mais bien lavées
450 g/1 lb de filet de poisson blanc, sans peau et coupé en cubes
45 ml/3 cuillères à soupe de beurre ou de margarine
3 oignons nouveaux (oignons verts), parés et hachés
30 ml/2 cuillères à soupe de moutarde complète
1,5 ml/¼ c. à thé de paprika, plus un supplément pour saupoudrer
30–45 ml/2–3 cuillères à soupe de yaourt nature
Sel

Placez les pommes de terre directement sur le plateau tournant, couvrez d'essuie-tout et faites cuire à pleine puissance pendant 16 minutes. Envelopper dans un torchon propre (torchon) et réserver. Placer le poisson dans une cocotte de 18 cm de diamètre (faitout hollandais) avec le beurre ou la margarine, les oignons nouveaux, la moutarde et le paprika. Couvrir d'une assiette et cuire à pleine puissance pendant 7 minutes en remuant deux fois. Laisser reposer 2 minutes. Incorporer le yaourt et saler au goût. Couper une croix sur le dessus de chaque pomme de terre et presser doucement pour l'ouvrir. Remplir avec le mélange de poisson, saupoudrer de paprika et manger chaud.

Cabillaud Suédois au Beurre Fondu et Oeuf

Pour 4 personnes

300 ml/½ pt/1¼ tasse d'eau froide
3 clous de girofle entiers
5 baies de genièvre
1 feuille de laurier, émiettée
2,5 ml/½ c. à thé d'épices à marinade mélangées
1 oignon, coupé en quatre
10 ml/2 cuillères à café de sel
4 pavés de cabillaud frais, coupe moyenne, 225 g/8 oz chacun
75 g/3 oz/2/3 tasse de beurre
2 œufs durs (pages 98–9), écalés et hachés

Mettez l'eau, les clous de girofle, les baies de genévrier, la feuille de laurier, les épices à marinade, les quartiers d'oignon et le sel dans un pichet en verre. Couvrez d'un film alimentaire (pellicule plastique) et incisez-le deux fois pour permettre à la vapeur de s'échapper. Cuire à plein pendant 15 minutes. Souche. Placer le poisson dans un plat profond de 25 cm de diamètre et verser le liquide filtré. Couvrez d'un film alimentaire et incisez-le deux fois pour permettre à la vapeur de s'échapper. Cuire à pleine puissance pendant 10 minutes en retournant le plat deux fois. Transférer le poisson dans un plat chaud, à l'aide d'une tranche de poisson, et réserver au chaud. Faire fondre le beurre, à découvert, sur Defrost pendant 2 minutes. Verser sur le poisson. Parsemez d'oeufs hachés et servez.

Stroganoff aux fruits de mer

Pour 4 personnes

30 ml/2 cuillères à soupe de beurre ou de margarine
1 gousse d'ail, écrasée
1 oignon, tranché
125 g/4 oz de champignons de Paris
700 g/1½ lb de filet de poisson blanc, sans peau et coupé en cubes
150 ml/¼ pt/2/3 tasse de crème sure ou de crème fraîche
Sel et poivre noir fraîchement moulu
30 ml/2 cuillères à soupe de persil haché

Mettre le beurre ou la margarine dans une cocotte de 20 cm de diamètre (faitout hollandais). Faire fondre, à découvert, sur Décongeler pendant 2 minutes. Ajouter l'ail, l'oignon et les champignons. Couvrez d'un film alimentaire (pellicule plastique) et incisez-le deux fois pour permettre à la vapeur de s'échapper. Cuire à plein pendant 3 minutes. Ajouter les cubes de poisson. Couvrir comme avant et cuire à pleine puissance pendant 8 minutes. Incorporer la crème et assaisonner de sel et de poivre. Couvrir à nouveau et cuire à pleine puissance pendant 1 ½ minute. Servir saupoudré de persil.

Thon frais Stroganoff

Pour 4 personnes

Préparez comme pour le Stroganoff aux fruits de mer, mais remplacez le poisson blanc par du thon très frais.

Suprême de ragoût de poisson blanc

Pour 4 personnes

30 ml/2 cuillères à soupe de beurre ou de margarine
1 oignon, haché

2 carottes, coupées en petits dés

6 branches de céleri, tranchées finement

150 ml/¼ pt/⅔ tasse de vin blanc

400 g/14 oz de filet de cabillaud ou d'églefin sans peau, coupé en cubes

10 ml/2 cuillères à café de fécule de maïs (maïzena)

90 ml/6 cuillères à soupe de crème liquide (légère)

150 ml/¼ pt/⅔ tasse de bouillon de légumes

Sel et poivre noir fraîchement moulu

2,5 ml/½ c. à thé d'essence d'anchois (extrait) ou de sauce Worcestershire

30 ml/2 cuillères à soupe d'aneth haché (aneth)

300 ml/½ pt/1 ¼ tasse de crème fouettée

2 jaunes d'œufs

Mettre le beurre ou la margarine dans une cocotte de 20 cm de diamètre (faitout hollandais). Chauffer, à découvert, à pleine puissance pendant 2 minutes. Ajouter les légumes et le vin. Couvrez d'un film alimentaire (pellicule plastique) et incisez-le deux fois pour permettre à la vapeur de s'échapper. Cuire à plein pendant 5 minutes. Laisser reposer 3 minutes. Ajouter le poisson aux légumes. Mélanger doucement la maïzena avec la crème, puis incorporer le bouillon. Assaisonner avec du sel, du poivre et l'essence d'anchois ou la sauce Worcestershire. Verser sur le poisson. Couvrir comme avant et cuire à pleine puissance pendant 8 minutes. Incorporer l'aneth, puis battre ensemble la crème et les jaunes d'œufs et incorporer au mélange de poisson. Couvrir comme avant et cuire sur Defrost pendant 3 minutes.

Mousse de saumon

Pour 8 personnes

30 ml/2 cuillères à soupe de gélatine en poudre
150 ml/¼ pt/2/3 tasse d'eau froide
418 g/15 oz/1 grande boîte de saumon rouge

150 ml/¼ pt/2/3 tasse de mayonnaise crémeuse
15 ml/1 cuillère à soupe de moutarde douce
10 ml/2 càc de sauce Worcestershire
30 ml/2 cuillères à soupe de chutney de fruits, haché si nécessaire
Jus de ½ gros citron
2 gros blancs d'œufs
Une pincée de sel
Cresson, tranches de concombre, salade verte et tranches de citron vert frais, pour garnir

Délayer la gélatine dans 75 ml/5 cuillères à soupe d'eau froide et laisser reposer 5 minutes pour ramollir. Faire fondre, à découvert, sur Décongeler pendant 2½ à 3 minutes. Remuez à nouveau et mélangez avec l'eau restante. Versez le contenu de la boîte de saumon dans un bol assez large et émiettez-le à la fourchette en enlevant la peau et les arêtes, puis écrasez-le assez finement. Incorporer la gélatine fondue, la mayonnaise, la moutarde, la sauce Worcestershire, le chutney et le jus de citron. Couvrir et réfrigérer jusqu'à ce qu'il commence à épaissir et mettre sur les bords. Battre les blancs d'œufs en neige ferme. Battre un tiers dans le mélange de saumon avec le sel. Incorporer les blancs d'œufs restants et transférer le mélange dans un moule circulaire de 1,5 litre/2½ pt/6 tasses, préalablement rincé à l'eau froide. Couvrir d'un film alimentaire (pellicule plastique) et réfrigérer pendant 8 heures jusqu'à consistance ferme. Avant de servir, Trempez rapidement le moule jusqu'au bord dans et hors de l'eau froide pour le desserrer. Passez doucement un couteau mouillé sur les côtés, puis renversez-le sur un grand plat de service mouillé. (Le mouillage empêche la gelée de coller.) Garnir joliment avec beaucoup de cresson, de tranches de concombre, de salade verte et de tranches de citron vert.

Mousse de saumon à la diète

Pour 8 personnes

Préparez comme pour la mousse de saumon, mais remplacez la mayonnaise par du fromage blanc ou du fromage blanc.

Crabe Mornay

Pour 4 personnes

300 ml/½ pt/1¼ tasse de lait entier
10 ml/2 c. à thé d'épices à marinade mélangées
1 petit oignon, coupé en 8 quartiers
2 brins de persil
Une pincée de muscade
30 ml/2 cuillères à soupe de beurre
30 ml/2 cuillères à soupe de farine ordinaire (tout usage)
Sel et poivre noir fraîchement moulu
75 g/3 oz/¾ tasse de fromage Gruyère (suisse), râpé
5 ml/1 cuillère à café de moutarde continentale
350 g/12 oz de chair de crabe claire et foncée préparée
Tranches de pain grillé

Verser le lait dans un pot en verre ou en plastique et incorporer les épices à marinade, les quartiers d'oignon, le persil et la muscade. Couvrir d'une assiette et chauffer à pleine puissance pendant 5 à 6 minutes jusqu'à ce que le lait commence à trembler. Souche. Mettez le beurre dans un bol de 1,5 litre/2½ pt/6 tasses et faites fondre sur Defrost pendant 1½ minutes. Incorporer la farine. Cuire à plein pendant 30 secondes. Incorporer progressivement le lait chaud. Cuire à pleine puissance pendant environ 4 minutes, en fouettant toutes les minutes, jusqu'à ce que la sauce arrive à ébullition et épaississe. Assaisonner de sel et de poivre et incorporer le fromage et la moutarde. Cuire à pleine puissance pendant 30 secondes ou jusqu'à ce que le fromage fonde. Incorporer la chair de crabe. Couvrir d'une assiette et réchauffer à pleine puissance pendant 2 à 3 minutes. Servir sur des toasts fraîchement préparés.

Thon Mornay

Pour 4 personnes

Préparez comme pour le Crabe Mornay, mais remplacez la chair de crabe par du thon en conserve à l'huile. Émiettez la chair à l'aide de deux fourchettes et ajoutez-la à la sauce avec l'huile de la boîte.

Mornay saumon rouge

Pour 4 personnes

Préparez comme pour le Crabe Mornay, mais remplacez la chair de crabe par du saumon rouge en conserve, égoutté et émietté.

Combo fruits de mer et noix

Pour 4 personnes

45 ml/3 cuillères à soupe d'huile d'olive
1 oignon, haché
2 carottes, tranchées
2 branches de céleri, tranchées finement
1 poivron rouge (poivron), épépiné et coupé en lanières
1 poivron vert (poivron), épépiné et coupé en lanières
1 petite courgette (zucchini), tranchée finement
250 ml/8 oz/1 tasse de vin blanc
Une pincée d'épices mélangées
300 ml/½ pt/1¼ tasse de bouillon de poisson ou de légumes
450 g/1 lb de tomates mûres, blanchies, pelées et hachées
125 g/4 oz d'anneaux de calmar
400 g/14 oz de filet de carrelet ou de sole citronnée, coupé en carrés
125 g/4 oz de moules cuites
4 grosses crevettes cuites (crevettes)
50 g/2 oz/½ tasse de moitiés ou de morceaux de noix
50 g/2 oz/1/3 tasse de raisins secs (raisins dorés)
Un soupçon de sherry
Sel et poivre noir fraîchement moulu
Jus de 1 citron
30 ml/2 cuillères à soupe de persil haché

Chauffer l'huile dans une cocotte de 2,5 litres/4½ pt/11 tasses (four hollandais) à pleine puissance pendant 2 minutes. Ajouter tous les légumes. Cuire, à découvert, à pleine puissance pendant 5 minutes, en remuant deux fois. Ajouter le vin, les épices, le bouillon et les tomates avec tous les poissons et fruits de mer. Couvrez d'un film alimentaire (pellicule plastique) et incisez-le deux fois pour permettre à la vapeur de s'échapper. Cuire à plein pendant 10 minutes. Incorporer tous les ingrédients restants sauf le persil. Couvrir comme avant et cuire à pleine puissance pendant 4 minutes. Découvrir, saupoudrer de persil et servir aussitôt.

Anneau de saumon à l'aneth

Pour 8 à 10 personnes

125 g/4 oz/3½ tranches de pain blanc à texture lâche
900 g/2 lb de filet de saumon frais sans peau, coupé en cubes
10 ml/2 cuillères à café de sauce aux anchois en bouteille
5–7,5 ml/1–1½ cuillère à café de sel
1 gousse d'ail, écrasée
4 gros œufs, battus
25 g/1 oz d'aneth frais (aneth)
poivre blanc

Beurrer légèrement un plat profond de 23 cm de diamètre. Miettez le pain dans un robot culinaire. Ajouter tous les ingrédients restants. Pulsez la machine jusqu'à ce que le mélange soit juste combiné et que le poisson soit grossièrement haché. Évitez de trop mélanger ou le mélange sera lourd et dense. Étendre doucement dans le plat préparé et enfoncer un pot de confiture pour bébé (conserve) ou un coquetier droit au centre afin que le mélange forme un anneau. Couvrez d'un film alimentaire (pellicule plastique) et incisez-le deux fois pour permettre à la vapeur de s'échapper. Cuire à pleine puissance pendant 15 minutes en retournant le plat deux fois. (L'anneau se rétrécira du côté du plat.) Laisser reposer jusqu'à ce qu'il refroidisse, puis recouvrir et réfrigérer. Couper en pointes et servir. Les restes peuvent être utilisés dans des sandwichs.

Anneau de Poisson Mixte au Persil

Pour 8 à 10 personnes

Préparez comme pour l'Anneau de saumon à l'aneth, mais remplacez le saumon par un mélange de filet de saumon frais sans peau, de flétan et de haddock et 45 ml/3 c. à soupe de persil haché pour l'aneth.

Casserole de morue au bacon et tomates

Pour 6 personnes

30 ml/2 cuillères à soupe de beurre ou de margarine
225 g/8 oz de gammon, haché grossièrement
2 oignons, tranchés
1 gros poivron vert (poivron), épépiné et coupé en lanières
2 3 400 g/2 3 14 oz/2 grandes boîtes de tomates
15 ml/1 cuillère à soupe de moutarde continentale douce
45 ml/3 cuillères à soupe de Cointreau ou Grand Marnier
Sel et poivre noir fraîchement moulu
700 g/1½ lb de filet de cabillaud sans peau, coupé en cubes
2 gousses d'ail, écrasées
60 ml/4 cuillères à soupe de chapelure brune grillée
15 ml/1 cuillère à soupe d'huile d'arachide (cacahuète) ou de tournesol

Mettez le beurre ou la margarine dans une cocotte de 2 litres/3½ pt/8½ tasse (faitout hollandais). Chauffer, à découvert, à pleine puissance pendant 1 ½ minute. Mélanger le jambon, les oignons et le poivre. Cuire, à découvert, sur décongeler pendant 10 minutes, en remuant deux fois. Retirer du micro-ondes. Incorporer les tomates, les écraser à la fourchette et incorporer la moutarde, la liqueur et l'assaisonnement. Couvrez d'un film alimentaire (pellicule plastique) et incisez-le deux fois pour permettre à la vapeur de s'échapper. Cuire à plein pendant 6 minutes. Ajouter le poisson et l'ail. Couvrir comme avant et cuire à feu moyen pendant 10 minutes. Saupoudrer de chapelure et verser l'huile dessus. Chauffer, à découvert, à pleine puissance pendant 1 minute.

Marmite à poisson des Slimmers

Pour 2

Teinté d'une sauce piquante aux jalapenos et épicé de manière affirmée, savourez ce festin de poisson de luxe avec du pain français croustillant et du vin rouge rustique.

2 oignons, hachés grossièrement
2 gousses d'ail, écrasées
15 ml/1 cuillère à soupe d'huile d'olive
400 g/14 oz/1 grosse boîte de tomates hachées
200 ml/7 fl oz/à peine 1 tasse de vin rosé
15 ml/1 cuillère à soupe de Pernod ou Ricard (pastis)
10 ml/2 c. à thé de sauce jalapeno
2,5 ml/½ cuillère à café de sauce au piment fort
10 ml/2 cuillères à café de garam masala
1 feuille de laurier
2,5 ml/½ cuillère à café d'origan séché
2,5–5 ml/½–1 cuillère à café de sel
225 g/8 oz de lotte ou de flétan sans peau, coupé en lanières
12 grosses crevettes cuites (crevettes)
2 gros pétoncles, coupés en lanières
30 ml/2 cuillères à soupe de coriandre hachée (cilantro), pour garnir

Placer les oignons, l'ail et l'huile dans une cocotte de 2 litres/3½ pt/8½ tasse (faitout hollandais). Couvrir d'une assiette et cuire à pleine puissance pendant 3 minutes. Incorporer le reste des ingrédients sauf le poisson, les crustacés et la coriandre. Couvrir comme avant et cuire à pleine puissance pendant 6 minutes en remuant trois fois. Mélangez-y la lotte ou le flétan. Couvrir comme avant et cuire sur Defrost pendant 4 minutes jusqu'à ce que le poisson blanchisse. Incorporer les crevettes et les pétoncles. Couvrir comme avant et cuire sur Defrost pendant 1½ minutes. Remuer, verser dans des assiettes creuses et saupoudrer de coriandre. Servir aussitôt.

Poulet rôti

Le poulet au micro-ondes peut être succulent et agréablement parfumé s'il est traité avec une sauce appropriée et laissé non farci.

1 poulet prêt à cuire, taille au besoin

Pour le badigeonnage :
25 g/1 oz/2 cuillères à soupe de beurre ou de margarine
5 ml/1 cuillère à café de paprika
5 ml/1 cuillère à café de sauce Worcestershire
5 ml/1 cuillère à café de sauce soja
2,5 ml/½ cuillère à café de sel d'ail ou 5 ml/1 cuillère à café de pâte d'ail
5 ml/1 cuillère à café de purée de tomates (pâte)

Placez le poulet lavé et séché dans un plat assez grand pour le contenir confortablement et aussi pour passer au micro-ondes. (Il n'est pas nécessaire qu'il soit profond.) Pour faire le badigeonnage, faites fondre le beurre ou la margarine à pleine puissance pendant 30 à 60 secondes. Incorporer le reste des ingrédients et verser sur le poulet. Couvrez d'un film alimentaire (pellicule plastique) et incisez-le deux fois pour permettre à la vapeur de s'échapper. Cuire à pleine puissance pendant 8 minutes par 450 g/1 lb, en retournant le plat toutes les 5 minutes. A mi-cuisson, éteignez le micro-ondes et laissez reposer la volaille 10 minutes à l'intérieur, puis terminez la cuisson. Laisser reposer encore 5 minutes. Transférer sur une planche à découper, couvrir de papier d'aluminium et laisser reposer 5 minutes avant de découper.

Poulet rôti glacé

Préparez comme pour le poulet rôti, mais ajoutez 5 ml/1 cuillère à café de mélasse noire (mélasse), 10 ml/2 cuillères à café de cassonade, 5 ml/1 cuillère à café de jus de citron et 5 ml/1 cuillère à café de sauce brune à la sauce. Prévoyez 30 secondes de cuisson supplémentaires.

Poulet Tex Mex

Préparez comme pour le poulet rôti. Après la cuisson, divisez la volaille en portions et mettez-la dans un plat propre. Enrober de salsa achetée, moyennement piquante selon les goûts. Saupoudrer de 225 g/8 oz/2 tasses de fromage Cheddar râpé. Réchauffer, à découvert, sur Décongeler pendant environ 4 minutes jusqu'à ce que le fromage fonde et bouillonne. Servir avec des haricots frits en conserve et des tranches d'avocat arrosées de jus de citron.

Poulet du couronnement

1 poulet rôti

45 ml/3 cuillères à soupe de vin blanc

30 ml/2 cuillères à soupe de purée de tomates (pâte)

30 ml/2 cuillères à soupe de chutney de mangue

30 ml/2 cuillères à soupe de confiture d'abricots tamisée (en conserve)

30 ml/2 cuillères à soupe d'eau

Jus de ½ citron

10 ml/2 cc de pâte de curry doux

10 ml/2 càc de xérès

300 ml/½ pt/1¼ tasse de mayonnaise épaisse

60 ml/4 cuillères à soupe de chantilly

225 g/8 oz/1 tasse de riz à grains longs, bouilli

Cresson

Suivez la recette du poulet rôti, y compris la sauce. Après la cuisson, retirez la viande des os et coupez-la en bouchées. Mettre dans un bol à mélanger. Versez le vin dans un plat et ajoutez la purée de tomates, le chutney, la confiture, l'eau et le jus de citron. Chauffer, à découvert, à pleine puissance pendant 1 minute. Laisser refroidir. Incorporer la pâte de curry, le xérès et la mayonnaise et incorporer la crème. Mélanger avec le poulet. Disposez un lit de riz sur un grand plat de service et versez le mélange de poulet dessus. Garnir de cresson.

Poulet Véronique

1 poulet rôti

1 oignon, finement râpé

25 g/1 oz/2 cuillères à soupe de beurre ou de margarine

150 ml/¼ pt/2/3 tasse de crème fraîche

30 ml/2 cuillères à soupe de porto blanc ou de xérès demi-sec

60 ml/4 cuillères à soupe de mayonnaise épaisse

10 ml/2 càc de moutarde fondue

5 ml/1 cuillère à café de ketchup (catsup)

1 petite branche de céleri, hachée

75 g/3 oz de raisins verts sans pépins

Petites grappes de raisins verts ou rouges sans pépins, pour garnir

Suivez la recette du poulet rôti, y compris la sauce. Après la cuisson, retirez la viande des os et coupez-la en bouchées. Mettre dans un bol à mélanger. Mettez l'oignon dans un petit bol avec le beurre ou la margarine et faites cuire, à découvert, à pleine puissance pendant 2 minutes. Dans un troisième bol, battre ensemble la crème fraîche, le porto ou sherry, la mayonnaise, la moutarde, le ketchup et le céleri. Incorporer au poulet avec l'oignon cuit et les raisins. Versez soigneusement dans un plat de service et décorez avec les grappes de raisin.

Poulet Vinaigré à l'Estragon

Adaptation d'une recette découverte dans un grand restaurant lyonnais au début des années 70.

1 poulet rôti
25 g/1 oz/2 cuillères à soupe de beurre ou de margarine
30 ml/2 cuillères à soupe de fécule de maïs (maïzena)
15 ml/1 cuillère à soupe de purée de tomates (pâte)
45 ml/3 cuillères à soupe de crème épaisse
45 ml/3 cuillères à soupe de vinaigre de malt
Sel et poivre noir fraîchement moulu

Suivez la recette du poulet rôti, y compris la sauce. Coupez la volaille cuite en six portions, couvrez de papier d'aluminium et réservez au chaud dans une assiette. Pour faire la sauce, versez le jus de cuisson du poulet dans un verre doseur et complétez à 250 ml/8 fl oz/1 tasse avec de l'eau chaude. Mettez le beurre ou la margarine dans un plat à part et faites chauffer, à découvert, à pleine puissance pendant 1 minute. Incorporer la maïzena, la purée de tomates, la crème et le vinaigre et assaisonner au goût avec du sel et du poivre noir fraîchement moulu. Incorporer graduellement les jus de poulet chauds. Cuire, à découvert, à pleine puissance pendant 4 à 5 minutes jusqu'à épaississement et bouillonnement, en fouettant toutes les minutes. Verser sur le poulet et servir aussitôt.

Poulet rôti à la danoise avec farce au persil

Préparez comme pour le poulet rôti, mais faites plusieurs incisions dans la peau de poulet non cuite et garnissez-la de petits brins de persil. Mettez 25 g/1 oz/2 cuillères à soupe de beurre à l'ail dans la cavité du corps. Procéder ensuite comme dans la recette.

Poulet Simla

Une spécialité anglo-indienne appartenant à l'époque du Raj.

1 poulet rôti
15 ml/1 cuillère à soupe de beurre
5 ml/1 cuillère à café de racine de gingembre finement hachée
5 ml/1 cuillère à café de purée d'ail (pâte)
2,5 ml/½ cuillère à café de curcuma
2,5 ml/½ cuillère à café de paprika
5 ml/1 cuillère à café de sel
300 ml/½ pt/1¼ tasse de crème fouettée
Rondelles d'oignon frites (sautées), faites maison ou achetées, pour garnir

Suivez la recette du poulet rôti, y compris la sauce. Après cuisson, divisez la volaille en six morceaux et réservez au chaud dans une grande assiette ou dans un plat. Faire chauffer le beurre dans un plat de 600 ml/1 pt/2½ tasse à Plein pendant 1 minute. Ajouter la purée de gingembre et d'ail. Cuire, à découvert, à pleine puissance pendant 1 ½ minute. Incorporer le curcuma, le paprika et le sel, puis la crème.

Chauffer, à découvert, à pleine puissance pendant 4 à 5 minutes jusqu'à ce que la crème commence à bouillonner, en fouettant au moins quatre fois. Verser sur le poulet et garnir de rondelles d'oignon.

Poulet épicé à la noix de coco et à la coriandre

Pour 4 personnes

Un curry délicatement épicé d'Afrique australe.

8 portions de poulet, 1,25 kg/2¾ lb en tout
45 ml/3 cuillères à soupe de noix de coco déshydratée (râpée)
1 piment vert d'environ 8 cm de long, épépiné et haché
1 gousse d'ail, écrasée
2 oignons, râpés
5 ml/1 cuillère à café de curcuma
5 ml/1 cuillère à café de gingembre moulu
10 ml/2 cuillères à café de poudre de curry doux
90 ml/6 cuillères à soupe de coriandre hachée grossièrement (coriandre)
150 ml/¼ pt/2/3 tasse de lait de coco en conserve
125 g/4 oz/½ tasse de fromage cottage avec ciboulette
Sel
175 g/6 oz/¾ tasse de riz à grains longs, bouilli
Chutney, pour servir

Peler le poulet. Disposer sur le pourtour d'un plat profond de 25 cm de diamètre en rapprochant les morceaux pour qu'ils s'emboîtent parfaitement. Couvrez d'un film alimentaire (pellicule plastique) et incisez-le deux fois pour permettre à la vapeur de s'échapper. Cuire à pleine puissance pendant 10 minutes en retournant le plat deux fois. Mettre la noix de coco dans un bol avec tous les ingrédients restants sauf le riz. Bien mélanger. Découvrir le poulet et l'enrober du mélange de noix de coco. Couvrir comme avant et cuire à pleine puissance pendant 10 minutes en retournant le plat quatre fois. Servir dans des assiettes creuses sur un monticule de riz avec le chutney remis à part.

Lapin épicé

Pour 4 personnes

Préparez comme pour le poulet épicé à la noix de coco et à la coriandre, mais remplacez le poulet par huit portions de lapin.

Dinde épicée

Pour 4 personnes

Préparez comme pour le poulet épicé à la noix de coco et à la coriandre, mais remplacez le poulet par huit morceaux de filet de poitrine de dinde désossée de 175 g/6 oz.

Bredie de poulet aux tomates

Pour 6 personnes

Un ragoût sud-africain, utilisant la combinaison d'ingrédients la plus populaire des gens.

30 ml/2 cuillères à soupe d'huile de tournesol ou de maïs
3 oignons, hachés finement
1 gousse d'ail, hachée finement
1 petit piment vert, épépiné et haché
4 tomates, blanchies, pelées et tranchées
750 g/1½ lb de poitrines de poulet désossées, coupées en petits cubes
5 ml/1 cuillère à café de cassonade foncée
10 ml/2 cuillères à café de purée de tomates (pâte)
7,5–10 ml/1½ –2 cuillère à café de sel

Versez l'huile dans un plat profond de 25 cm de diamètre. Ajouter les oignons, l'ail et le piment et bien mélanger. Cuire, à découvert, pendant 5 minutes. Ajouter le reste des ingrédients dans le plat et faire un petit creux au centre avec un coquetier pour que le mélange forme un anneau. Couvrez d'un film alimentaire (pellicule plastique) et incisez-le deux fois pour permettre à la vapeur de s'échapper. Cuire à pleine puissance pendant 14 minutes en retournant le plat quatre fois. Laisser reposer 5 minutes avant de servir.

Poulet Cuit Rouge Chinois

Pour 4 personnes

Un ragoût chinois sophistiqué, le poulet prenant une couleur acajou en mijotant dans la sauce. Mangez avec beaucoup de riz bouilli pour absorber les jus salés.

6 champignons chinois séchés
8 gros pilons de poulet, 1 kg/2¼ lb en tout
1 gros oignon, râpé
60 ml/4 cuillères à soupe de gingembre confit finement haché
75 ml/5 cuillères à soupe de xérès doux
15 ml/1 cuillère à soupe de mélasse noire (mélasse)
Zeste râpé d'une mandarine ou d'un agrume similaire à peau lâche
50 ml/2 oz liq./3½ tasse de sauce soja

Faire tremper les champignons dans de l'eau chaude pendant 30 minutes. Égoutter et couper en lanières. Coupez les parties charnues des pilons et disposez-les sur le pourtour d'un plat profond de 25 cm/10 de diamètre avec les extrémités osseuses vers le centre. Couvrez d'un film alimentaire (pellicule plastique) et incisez-le deux fois pour permettre à la vapeur de s'échapper. Cuire à pleine puissance pendant 12 minutes en retournant le plat trois fois. Mélanger le reste des ingrédients, y compris les champignons, et verser sur le poulet. Couvrir comme avant et cuire à pleine puissance pendant 14 minutes. Laisser reposer 5 minutes avant de servir.

Ailes de poulet aristocratiques

Pour 4 personnes

Une recette chinoise séculaire, plébiscitée par l'élite et accompagnée de nouilles aux œufs.

8 champignons chinois séchés
6 oignons nouveaux (oignons verts), hachés grossièrement
15 ml/1 cuillère à soupe d'huile d'arachide (cacahuète)
900 g/2 lb d'ailes de poulet
225 g/8 oz de pousses de bambou tranchées en conserve
30 ml/2 cuillères à soupe de fécule de maïs (maïzena)
45 ml/3 cuillères à soupe d'alcool de riz chinois ou de xérès demi-sec
60 ml/4 cuillères à soupe de sauce soja
10 ml/2 cuillères à café de racine de gingembre frais haché finement

Faire tremper les champignons dans de l'eau chaude pendant 30 minutes. Égoutter et couper en quartiers. Mettre les oignons et l'huile dans un plat profond de 25 cm de diamètre. Cuire, à découvert, à pleine puissance pendant 3 minutes. Remuer. Disposer les ailes de poulet dans le plat en laissant un petit creux au centre. Couvrez d'un film alimentaire (pellicule plastique) et incisez-le deux fois pour permettre à la vapeur de s'échapper. Cuire à pleine puissance pendant 12 minutes en retournant le plat trois fois. Dévoiler. Enrober avec les pousses de bambou et le liquide de la boîte et répartir les champignons sur le dessus. Mélangez doucement la maïzena avec l'alcool de riz ou le xérès. Ajouter les ingrédients restants. Verser sur le poulet et les légumes. Couvrir comme avant et cuire à pleine puissance pendant 10 à 12 minutes jusqu'à ce que le liquide bouillonne. Laisser reposer 5 minutes avant de servir.

Poulet chow mein

Pour 4 personnes

½ concombre, pelé et coupé en cubes
275 g/10 oz/2½ tasses de poulet cuit froid, coupé en petits cubes
450 g/1 lb de légumes frais mélangés pour faire sauter
30 ml/2 cuillères à soupe de sauce soja
30 ml/2 cuillères à soupe de xérès demi-sec
5 ml/1 cuillère à café d'huile de sésame
2,5 ml/½ cuillère à café de sel
Nouilles chinoises bouillies, pour servir

Placer le concombre et le poulet dans un plat de 1,75 litre/3 pt/7½ tasse. Mélanger tous les ingrédients restants. Couvrir d'une grande assiette et cuire à pleine puissance pendant 10 minutes. Laisser reposer 3 minutes avant de servir avec des nouilles chinoises.

Poulet Chop Suey

Pour 4 personnes

Préparez comme pour le Chow Mein au poulet, mais remplacez les nouilles par du riz à grains longs bouilli.

Poulet chinois mariné express

Pour 3

Dégustation authentique mais rapide au possible. Mangez avec du riz ou des nouilles et des cornichons chinois.

6 grosses cuisses de poulet, environ 750 g/1½ lb en tout
125 g/4 oz/1 tasse de grains de maïs doux, à moitié décongelés si congelés

1 poireau, haché

60 ml/4 cuillères à soupe de marinade chinoise achetée

Placer le poulet dans un bol profond et ajouter le reste des ingrédients. Bien mélanger. Couvrir et réfrigérer pendant 4 heures. Remuer. Transvaser dans un plat creux de 23 cm de diamètre en disposant le poulet sur le pourtour. Couvrez d'un film alimentaire (pellicule plastique) et incisez-le deux fois pour permettre à la vapeur de s'échapper. Cuire à pleine puissance pendant 16 minutes en retournant le plat quatre fois. Laisser reposer 5 minutes avant de servir.

Poulet de Hong Kong avec légumes mélangés et germes de soja

Pour 2 à 3 personnes

4 champignons chinois séchés

1 gros oignon, haché

1 carotte, râpée

15 ml/1 cuillère à soupe d'huile d'arachide (cacahuète)

2 gousses d'ail, écrasées

225 g/8 oz/2 tasses de poulet cuit, coupé en lanières

275 g/10 oz de germes de soja

15 ml/1 cuillère à soupe de sauce soja

1,5 ml/¼ cuillère à café d'huile de sésame

Une bonne pincée de poivre de cayenne

2,5 ml/½ cuillère à café de sel
Riz bouilli ou nouilles chinoises, pour servir

Faire tremper les champignons dans de l'eau chaude pendant 30 minutes. Égoutter et couper en lanières. Placer l'oignon, la carotte et l'huile dans un plat de 1,75 litre/3 pt/7½ tasse. Cuire, à découvert, à pleine puissance pendant 3 minutes. Incorporer les ingrédients restants. Couvrez d'un film alimentaire (pellicule plastique) et incisez-le deux fois pour permettre à la vapeur de s'échapper. Cuire à pleine puissance pendant 5 minutes en retournant le plat trois fois. Laisser reposer 5 minutes avant de servir avec du riz ou des nouilles.

Poulet à la sauce Golden Dragon

Pour 4 personnes

4 gros morceaux de poulet charnus de 225 g/8 oz chacun, sans la peau
Farine ordinaire (tout usage)
1 petit oignon, haché
2 gousses d'ail, écrasées
30 ml/2 cuillères à soupe de sauce soja
30 ml/2 cuillères à soupe de xérès demi-sec
30 ml/2 cuillères à soupe d'huile d'arachide (cacahuète)
60 ml/4 cuillères à soupe de jus de citron
60 ml/4 cuillères à soupe de cassonade légère

45 ml/3 cuillères à soupe de confiture d'abricots fondue et tamisée (conservée)

5 ml/1 cuillère à café de coriandre moulue (coriandre)

3–4 gouttes de sauce au piment fort

Salade de germes de soja et nouilles chinoises, pour servir

Entailler les parties épaisses des cuisses de poulet en plusieurs endroits avec un couteau pointu, saupoudrer de farine, puis disposer dans un plat creux de 25 cm de diamètre. Bien mélanger les ingrédients restants. Verser sur le poulet. Couvrir le plat sans serrer avec du papier absorbant et laisser mariner au réfrigérateur pendant 4 à 5 heures en retournant les rôtis deux fois. Disposez les côtés coupés vers le haut, puis couvrez le plat de film alimentaire (film plastique) et incisez-le deux fois pour permettre à la vapeur de s'échapper. Cuire à pleine puissance pendant 22 minutes en retournant le plat quatre fois. Servir sur un lit de nouilles et napper du jus du plat.

Ailes de poulet au gingembre avec laitue

Pour 4 à 5 personnes

1 grosse laitue cos (romaine), râpée

2,5 cm/1 en morceau de racine de gingembre, tranché finement

2 gousses d'ail, écrasées

15 ml/1 cuillère à soupe d'huile d'arachide (cacahuète)

300 ml/½ pt/1¼ tasse de bouillon de poulet bouillant

30 ml/2 cuillères à soupe de fécule de maïs (maïzena)

2,5 ml/½ cuillère à café de cinq épices en poudre

60 ml/4 cuillères à soupe d'eau froide
5 ml/1 cuillère à café de sauce soja
5 ml/1 cuillère à café de sel
1 kg d'ailes de poulet
Riz bouilli ou nouilles chinoises, pour servir

Mettre la laitue, le gingembre, l'ail et l'huile dans une cocotte assez grande (faitout hollandais). Couvrir d'une assiette et cuire à pleine puissance pendant 5 minutes. Découvrir et ajouter le bouillon bouillant. Mélangez doucement la maïzena et la poudre de cinq épices avec l'eau froide. Incorporer la sauce soja et le sel. Incorporer au mélange de laitue avec les ailes de poulet, en remuant doucement jusqu'à ce que le tout soit bien mélangé. Couvrez d'un film alimentaire (pellicule plastique) et incisez-le deux fois pour permettre à la vapeur de s'échapper. Cuire à pleine puissance pendant 20 minutes en retournant le plat quatre fois. Laisser reposer 5 minutes avant de servir avec du riz ou des nouilles.

Poulet à la noix de coco de Bangkok

Pour 4 personnes

L'article authentique, fabriqué dans ma cuisine par un jeune ami thaïlandais.

4 poitrines de poulet désossées, 175 g/6 oz chacune
200 ml/7 oz/à peine 1 tasse de noix de coco en crème
Jus de 1 citron vert

30 ml/2 cuillères à soupe d'eau froide

2 gousses d'ail, écrasées

5 ml/1 cuillère à café de sel

1 tige de citronnelle, coupée en deux dans le sens de la longueur, ou 6 feuilles de mélisse

2–6 piments verts ou 1,5–2,5 ml/¼–½ cuillère à café de poudre de piment rouge séché

4–5 feuilles de citron vert frais

20 ml/4 cuillères à café de coriandre hachée (coriandre)

175 g/6 oz/¾ tasse de riz à grains longs, bouilli

Disposez le poulet sur le pourtour d'un plat creux de 20 cm de diamètre en laissant un creux au centre. Couvrez d'un film alimentaire (pellicule plastique) et incisez-le deux fois pour permettre à la vapeur de s'échapper. Cuire à pleine puissance pendant 6 minutes en retournant le plat deux fois. Mélanger la crème de noix de coco, le jus de citron vert et l'eau, puis incorporer l'ail et le sel et verser sur le poulet. Saupoudrer de feuilles de citronnelle ou de mélisse, de piments au goût et de feuilles de citron vert. Couvrir comme avant et cuire à pleine puissance pendant 8 minutes en retournant le plat trois fois. Laisser reposer 5 minutes. Découvrir et incorporer la coriandre, puis servir avec le riz.

Satay de poulet

Pour 8 personnes en entrée, 4 personnes en plat principal

Pour la marinade :

30 ml/2 cuillères à soupe d'huile d'arachide (cacahuète)
30 ml/2 cuillères à soupe de sauce soja
1 gousse d'ail, écrasée
900 g/2 lb de poitrine de poulet désossée, coupée en cubes

Pour la sauce satay :
10 ml/2 cuillères à café d'huile d'arachide
1 oignon, haché
2 piments verts d'environ 8 cm de long chacun, épépinés et hachés finement
2 gousses d'ail, écrasées
150 ml/¼ pt/2/3 tasse d'eau bouillante
60 ml/4 cuillères à soupe de beurre de cacahuète croquant
10 ml/2 cuillères à café de vinaigre de vin
2,5 ml/½ cuillère à café de sel
175 g/6 oz/¾ tasse de riz à grains longs, bouilli (facultatif)

Pour faire la marinade, mélanger l'huile, la sauce soja et l'ail dans un bol à mélanger et ajouter le poulet en remuant bien pour bien l'enrober. Couvrir et réfrigérer 4 heures en hiver, 8 en été.

Pour faire la sauce, versez l'huile dans un plat ou un bol de taille moyenne et ajoutez l'oignon, les piments et l'ail. Avant de terminer la sauce, enfilez les cubes de poulet sur huit brochettes huilées. Disposer, quatre à la fois, sur une grande assiette comme les rayons d'une roue. Cuire, à découvert, à pleine puissance pendant 5 minutes, en retournant une fois. Répéter avec les quatre brochettes restantes.

Gardez au chaud. Pour terminer la sauce, couvrez le bol de film alimentaire (pellicule plastique) et incisez-le deux fois pour permettre à la vapeur de s'échapper. Cuire à plein pendant 2 minutes. Incorporer l'eau bouillante, le beurre d'arachide, le vinaigre et le sel. Cuire, à découvert, pendant 3 minutes en remuant une fois. Laisser reposer 30 secondes et servir, avec le riz si plat principal.

Poulet aux arachides

Pour 4 personnes

4 poitrines de poulet désossées, 175 g/6 oz chacune
125 g/4 oz/½ tasse de beurre de cacahuète lisse
2,5 ml/½ cuillère à café de gingembre moulu
2,5 ml/½ cuillère à café de sel d'ail
10 ml/2 cuillères à café de poudre de curry doux
sauce hoisin chinoise
Nouilles chinoises bouillies, pour servir

Disposez le poulet sur le pourtour d'un plat creux de 23 cm de diamètre en laissant un creux au centre. Mettez le beurre de cacahuètes, le gingembre, le sel d'ail et la poudre de curry dans un petit plat et faites chauffer, à découvert, à pleine puissance pendant 1 minute. Étendre uniformément sur le poulet, puis enrober légèrement de sauce hoisin. Couvrez d'un film alimentaire (pellicule plastique) et incisez-le deux fois pour permettre à la vapeur de s'échapper. Cuire à pleine puissance pendant 16 minutes en retournant le plat quatre fois. Laisser reposer 5 minutes avant de servir avec des nouilles chinoises.

Poulet indien au yaourt

Pour 4 personnes

Un curry simple et rapide à préparer. Il est faible en gras, donc recommandé pour les amincissants, peut-être avec un accompagnement de chou-fleur et une tranche ou deux de pain miteux.

750 g/1½ lb de cuisses de poulet sans peau
150 ml/¼ pt/2/3 tasse de yaourt nature
15 ml/1 cuillère à soupe de lait
5 ml/1 cuillère à café de garam masala
1,5 ml/¼ cuillère à café de curcuma
5 ml/1 cuillère à café de gingembre moulu
5 ml/1 cuillère à café de coriandre moulue (coriandre)
5 ml/1 cuillère à café de cumin moulu
15 ml/1 cuillère à soupe d'huile de maïs ou de tournesol
45 ml/3 cuillères à soupe d'eau chaude
60 ml/4 cuillères à soupe de coriandre hachée grossièrement, pour garnir

Placer le poulet dans un plat creux de 30 cm de diamètre. Battre ensemble tous les ingrédients restants et verser sur le poulet. Couvrir et laisser mariner au réfrigérateur pendant 6 à 8 heures. Couvrir d'une assiette et réchauffer à pleine puissance pendant 5 minutes. Remuer le rond de poulet. Couvrez le plat avec du film alimentaire (pellicule plastique) et incisez-le deux fois pour permettre à la vapeur de s'échapper. Cuire à pleine puissance pendant 15 minutes en retournant le plat quatre fois. Laisser reposer 5 minutes. Découvrir et saupoudrer de coriandre ciselée avant de servir.

Poulet japonais aux oeufs

Pour 4 personnes

100 ml/3½ fl oz/6½ cuillères à soupe de bouillon chaud de poulet ou de bœuf
60 ml/4 cuillères à soupe de xérès demi-sec
30 ml/2 cuillères à soupe de sauce teriyaki
15 ml/1 cuillère à soupe de cassonade légère
250 g/9 oz/1¼ tasse de poulet cuit, coupé en lanières
4 gros œufs, battus
175 g/6 oz/¾ tasse de riz à grains longs, bouilli

Verser le bouillon, le xérès et la sauce teriyaki dans un plat peu profond de 18 cm de diamètre. Incorporer le sucre. Couvrez d'un film alimentaire (pellicule plastique) et incisez-le deux fois pour permettre à la vapeur de s'échapper. Cuire à plein pendant 5 minutes. Découvrir et remuer. Incorporer le poulet et verser les œufs par-dessus. Cuire, à découvert, sur Full pendant 6 minutes en retournant le plat trois fois. Pour servir, déposer le riz dans quatre bols réchauffés et garnir du mélange de poulet et d'œufs.

Casserole de Poulet à la Portugaise

Pour 4 personnes

25 g/1 oz/2 cuillères à soupe de beurre ou de margarine ou 25 ml/1½ cuillère à soupe d'huile d'olive

2 oignons, coupés en quartiers

2 gousses d'ail, écrasées

4 morceaux de poulet, 900 g/2 lb en tout

125 g/4 oz/1 tasse de jambon cuit, coupé en petits cubes

3 tomates, blanchies, pelées et hachées

150 ml/¼ pt/2/3 tasse de vin blanc sec

10 ml/2 cuillères à café de moutarde française

7,5–10 ml/1½–2 cuillères à café de sel

Mettre le beurre, la margarine ou l'huile dans une cocotte de 20 cm de diamètre (faitout hollandais). Chauffer, à découvert, à pleine puissance pendant 1 minute. Incorporer les oignons et l'ail. Cuire, à découvert, à pleine puissance pendant 3 minutes. Ajouter le poulet. Couvrez d'un film alimentaire (pellicule plastique) et incisez-le deux fois pour permettre à la vapeur de s'échapper. Cuire à pleine puissance pendant 14 minutes en retournant le plat deux fois. Mélanger les ingrédients restants. Couvrir comme avant et cuire à pleine puissance pendant 6 minutes. Laisser reposer 5 minutes avant de servir.

Casserole de poulet épicé à l'anglaise

Pour 4 personnes

Préparez comme pour la casserole de poulet à la portugaise, mais remplacez le vin par du cidre demi-sec et ajoutez 5 quartiers de noix marinées avec les autres ingrédients. Prévoyez 1 minute de temps de cuisson supplémentaire.

Compromis Poulet Tandoori

Pour 8 personnes en entrée, 4 personnes en plat principal

Un plat indien traditionnellement préparé dans un four d'argile ou un tandoor, mais cette version au micro-ondes est tout à fait acceptable.

8 morceaux de poulet, environ 1,25 kg/2¾ lb en tout
250 ml/8 fl oz/1 tasse de yaourt nature épais à la grecque
30 ml/2 cuillères à soupe de mélange d'épices tandoori
10 ml/2 cuillères à café de coriandre moulue (coriandre)
5 ml/1 cuillère à café de paprika
5 ml/1 cuillère à café de curcuma

30 ml/2 cuillères à soupe de jus de citron
2 gousses d'ail, écrasées
7,5 ml/1½ cuillère à café de sel
Pain indien et salade mixte, pour servir

Entailler les parties charnues du poulet à plusieurs endroits. Fouetter légèrement le yaourt avec tous les ingrédients restants. Disposez le poulet dans un plat creux de 25 cm de diamètre et nappez-le du mélange tandoori. Couvrir légèrement de papier absorbant et laisser mariner 6 heures au réfrigérateur. Retourner, arroser de marinade et réfrigérer encore 3 à 4 heures, couvert comme avant. Couvrez d'un film alimentaire (pellicule plastique) et incisez-le deux fois pour permettre à la vapeur de s'échapper. Cuire à pleine puissance pendant 20 minutes en retournant le plat quatre fois. Découvrir le plat et retourner le poulet. Couvrez à nouveau de film alimentaire et faites cuire à pleine puissance pendant encore 7 minutes. Laisser reposer 5 minutes avant de servir.

Gâteau au fromage aux fruits et aux noix

Pour 8 à 10 personnes

Un cheesecake de style continental, comme on en trouve dans une pâtisserie de qualité.

45 ml/3 cuillères à soupe d'amandes effilées (effilées)
75 g/3 oz/2/3 tasse de beurre
175 g/6 oz/1½ tasse de chapelure de biscuits à l'avoine (biscuits) ou de biscuits digestifs (biscuits Graham)
450 g/1 lb/2 tasses de fromage cottage lisse, à la température de la cuisine
125 g/4 oz/½ tasse de sucre en poudre (superfin)
15 ml/1 cuillère à soupe de fécule de maïs (maïzena)
3 oeufs, à température de la cuisine, battus
Jus de ½ lime ou citron frais
30 ml/2 cuillères à soupe de raisins secs

Mettez les amandes dans une assiette et faites-les griller, à découvert, à pleine puissance pendant 2 à 3 minutes. Faire fondre le beurre, à découvert, sur Décongeler pendant 2 à 2 minutes et demie. Bien beurrer un plat de 20 cm de diamètre et recouvrir le fond et les côtés avec la chapelure de biscuits. Battre le fromage avec tous les ingrédients restants et incorporer les amandes et le beurre fondu. Répartir uniformément sur les miettes de biscuits et recouvrir légèrement de papier absorbant. Cuire sur Defrost pendant 24 minutes en retournant le plat quatre fois. Retirer du micro-ondes et laisser refroidir. Réfrigérer au moins 6 heures avant de couper.

Gâteau au gingembre confit

Pour 8 personnes

225 g/8 oz/2 tasses de farine auto-levante (auto-levante)
10 ml/2 c. à thé mélange d'épices (tarte aux pommes)
125 g/4 oz/½ tasse de beurre ou de margarine, à la température de la cuisine
125 g/4 oz/½ tasse de cassonade légère
100 g/4 oz/1 tasse de gingembre confit haché au sirop
2 œufs, battus
75 ml/5 cuillères à soupe de lait froid
Sucre glace (de confiserie), pour saupoudrer

Tapisser étroitement un soufflé de 20 cm/8 de diamètre ou un plat droit similaire avec du film alimentaire (pellicule plastique), en le laissant dépasser très légèrement du bord. Tamiser la farine et les épices dans un bol. Frotter finement le beurre ou la margarine. Ajouter le sucre et le gingembre à la fourchette en veillant à ce qu'ils soient bien répartis. Remuer jusqu'à consistance molle avec les œufs et le lait. Lorsqu'ils sont bien mélangés, versez-les dans le plat préparé et couvrez légèrement de papier absorbant. Cuire à pleine puissance pendant 6½ à 7½ minutes jusqu'à ce que le gâteau soit bien gonflé et commence à rétrécir sur les côtés. Laisser reposer 15 minutes. Transférer sur une grille en tenant le film alimentaire. Décollez le film lorsqu'il est froid et conservez le gâteau dans un récipient hermétique. Saupoudrer de sucre glace avant de servir.

Gâteau au gingembre confit à l'orange

Pour 8 personnes

Préparez comme pour le Gingembre Confit, mais ajoutez le zeste grossièrement râpé d'une petite orange avec les œufs et le lait.

Gâteau au miel aux noix

Pour 8 à 10 personnes

Une étoile de gâteau, pleine de douceur et de lumière. Il est d'origine grecque, où il est connu sous le nom de karithopitta. Servez-le avec un café en fin de repas.

Pour le socle :
100 g/3½ oz/½ tasse de beurre, à la température de la cuisine
175 g/6 oz/¾ tasse de cassonade légère
4 oeufs, à température de la cuisine
5 ml/1 cuillère à café d'essence de vanille (extrait)
10 ml/2 cuillères à café de bicarbonate de soude (bicarbonate de soude)
10 ml / 2 cuillères à café de levure chimique
5 ml/1 cuillère à café de cannelle moulue
75 g/3 oz/¾ tasse de farine ordinaire (tout usage)
75 g/3 oz/¾ tasse de farine de maïs (fécule de maïs)
100 g/3½ oz/1 tasse d'amandes effilées (effilées)

Pour le sirop :
200 ml/7 fl oz/seulement 1 tasse d'eau tiède
60 ml/4 cuillères à soupe de cassonade foncée
5 cm/2 en morceau de bâton de cannelle

5 ml/1 cuillère à café de jus de citron
150 g/5 oz/2/3 tasse de miel foncé clair

Pour la décoration :
60 ml/4 cuillères à soupe de mélange de noix hachées
30 ml/2 cuillères à soupe de miel foncé clair

Pour faire le fond, tapisser étroitement le fond et les côtés d'un moule à soufflé de 18 cm de diamètre avec du film alimentaire en le laissant dépasser très légèrement du bord. Mettez tous les ingrédients sauf les amandes dans un bol de robot culinaire et faites fonctionner la machine jusqu'à ce qu'ils soient lisses et uniformément combinés. Incorporer brièvement les amandes pour éviter qu'elles ne se cassent trop. Répartir le mélange dans le plat préparé et recouvrir légèrement de papier absorbant. Cuire à pleine puissance pendant 8 minutes en retournant le plat deux fois, jusqu'à ce que le gâteau ait sensiblement gonflé et que le dessus soit parsemé de petites bulles d'air. Laisser reposer 5 minutes, puis retourner dans un plat de service peu profond et retirer le film alimentaire.

Pour faire le sirop, placez tous les ingrédients dans une carafe et faites cuire, à découvert, à pleine puissance pendant 5 à 6 minutes ou jusqu'à ce que le mélange commence à bouillonner. Surveillez attentivement au cas où il commencerait à déborder. Laisser reposer pendant 2 minutes, puis remuer doucement avec une cuillère en bois pour mélanger les ingrédients en douceur. Verser lentement sur le gâteau jusqu'à ce que tout le liquide soit absorbé. Mélanger les noix et le miel dans un petit plat. Réchauffer à découvert, à pleine puissance pendant 1 minute et demie. Étendre ou verser sur le dessus du gâteau.

Gâteau au miel et au gingembre

Pour 10 à 12 personnes

45 ml/3 cuillères à soupe de marmelade d'orange
225 g/8 oz/1 tasse de miel foncé clair
2 oeufs
125 ml/4 fl oz/½ tasse d'huile de maïs ou de tournesol
150 ml/¼ pt/2/3 tasse d'eau tiède
250 g / 9 oz / 2 tasses généreuses de farine auto-levante (auto-levante)
5 ml/1 cuillère à café de bicarbonate de soude (bicarbonate de soude)
3 cuillères à café de gingembre moulu
10 ml/2 c. à thé de piment de la Jamaïque moulu
5 ml/1 cuillère à café de cannelle moulue

Tapisser étroitement un moule à soufflé profond de 1,75 litre/3 pt/7½ tasses de film alimentaire (pellicule plastique), en le laissant dépasser très légèrement du bord. Mettez la marmelade, le miel, les œufs, l'huile et l'eau dans un robot culinaire et mixez jusqu'à consistance lisse, puis éteignez. Tamiser ensemble tous les ingrédients restants et verser dans le bol du robot. Faire fonctionner la machine jusqu'à ce que le mélange soit bien mélangé. Verser dans le plat préparé et recouvrir légèrement d'essuie-tout. Cuire à pleine puissance pendant 10 à 10 minutes et demie jusqu'à ce que le gâteau soit bien gonflé et que le dessus soit recouvert de minuscules trous d'air. Laisser refroidir presque complètement dans le plat, puis transférer sur une grille en tenant le film alimentaire. Décollez délicatement le film alimentaire et laissez refroidir complètement. Conserver dans un récipient hermétique pendant 1 jour avant de couper.

Gâteau au sirop de gingembre

Pour 10 à 12 personnes

Préparez comme pour le gâteau au miel et au gingembre, mais remplacez le miel par du sirop doré (maïs léger).

Pain d'épice traditionnel

Pour 8 à 10 personnes

Un conte d'hiver du meilleur genre, indispensable pour l'Halloween et la soirée Guy Fawkes.

175 g/6 oz/1½ tasse de farine ordinaire (tout usage)
15 ml/1 cuillère à soupe de gingembre moulu
5 ml/1 cuillère à café de piment de la Jamaïque moulu
10 ml/2 cuillères à café de bicarbonate de soude (bicarbonate de soude)
125 g/4 oz/1/3 tasse de sirop doré (maïs léger)
25 ml/1½ cuillère à soupe de mélasse noire (mélasse)

30 ml/2 cuillères à soupe de cassonade foncée
45 ml/3 cuillères à soupe de saindoux ou de graisse de cuisson blanche (shortening)
1 gros oeuf, battu
60 ml/4 cuillères à soupe de lait froid

Tapisser étroitement le fond et les côtés d'un moule à soufflé de 15 cm de diamètre avec du film alimentaire (pellicule plastique) en le laissant dépasser très légèrement du bord. Tamiser la farine, le gingembre, le piment de la Jamaïque et le bicarbonate de soude dans un bol à mélanger. Mettez le sirop, la mélasse, le sucre et la graisse dans un autre bol et faites chauffer, à découvert, à pleine puissance pendant 2½ à 3 minutes jusqu'à ce que la graisse ait juste fondu. Remuez bien pour mélanger. Mélanger à la fourchette dans les ingrédients secs avec l'œuf et le lait. Lorsqu'ils sont bien mélangés, transférer dans le plat préparé et recouvrir légèrement de papier absorbant. Cuire à pleine puissance pendant 3 à 4 minutes jusqu'à ce que le pain d'épice soit bien levé avec un soupçon de brillance sur le dessus. Laisser reposer 10 minutes. Transférer sur une grille en tenant le film alimentaire. Décollez le film alimentaire et conservez le pain d'épice dans un récipient hermétique pendant 1 à 2 jours avant de le couper.

Pain d'épice à l'orange

Pour 8 à 10 personnes

Préparez comme pour le pain d'épices traditionnel, mais ajoutez le zeste finement râpé d'une petite orange avec l'œuf et le lait.

Tourte au café et aux abricots

Pour 8 personnes

4 biscuits digestifs (graham crackers), finement écrasés
225 g/8 oz/1 tasse de beurre ou de margarine, à la température de la cuisine
225 g/8 oz/1 tasse de cassonade foncée

4 oeufs, à température de la cuisine
225 g/8 oz/2 tasses de farine auto-levante (auto-levante)
75 ml/5 cuillères à soupe d'essence de café et de chicorée (extrait)
425 g/14 oz/1 grande boîte de moitiés d'abricots, égouttées
300 ml/½ pt/1¼ tasse de crème double (épaisse)
90 ml/6 cuillères à soupe d'amandes effilées (effilées), grillées

Badigeonnez deux plats peu profonds de 20 cm de diamètre avec du beurre fondu, puis tapissez les fonds et les côtés avec la chapelure de biscuits. Crémer ensemble le beurre ou la margarine et le sucre jusqu'à consistance légère et mousseuse. Battre les œufs un à la fois en ajoutant 15 ml/1 cuillère à soupe de farine pour chacun. Incorporer le reste de farine en alternant avec 45 ml/3 cuillères à soupe d'essence de café. Étendre uniformément dans les plats préparés et couvrir lâchement de papier absorbant. Cuire, un à la fois, à pleine puissance pendant 5 minutes. Laisser refroidir dans les plats pendant 5 minutes, puis renverser sur une grille. Hacher trois des abricots et réserver le reste. Fouetter la crème avec l'essence de café restante jusqu'à consistance épaisse. Prélever environ un quart de la crème et incorporer les abricots hachés. Utilisez pour prendre les gâteaux ensemble. Couvrir le dessus et les côtés avec la crème restante.

Tarte Ananas Rhum

Pour 8 personnes

Préparez comme pour la Coffee Apricot Torte, mais omettez les abricots. Aromatisez la crème avec 30 ml/2 cs de rhum brun à la place de l'essence de café (extrait). Incorporer 2 rondelles d'ananas en conserve hachées aux trois quarts de la crème et les utiliser pour prendre les gâteaux ensemble. Couvrir le dessus et les côtés avec le reste de crème et décorer avec des rondelles d'ananas coupées en deux. Goujon aux cerises vertes et jaunes glacées (confites) si désiré.

Gâteau de Noël riche

Donne 1 gros gâteau familial

Un gâteau luxueux, plein des splendeurs de Noël et bien arrosé d'alcool. Gardez-le nature ou enduisez-le de pâte d'amande (pâte d'amande) et de glaçage blanc (glaçage).

200 ml/7 oz/à peine 1 tasse de xérès doux
75 ml/5 cuillères à soupe de cognac
5 ml/1 c. à thé mélange d'épices (tarte aux pommes)
5 ml/1 cuillère à café d'essence de vanille (extrait)
10 ml/2 cuillères à café de cassonade foncée

350 g/12 oz/2 tasses de fruits séchés mélangés (mélange pour gâteau aux fruits)
15 ml/1 cuillère à soupe d'écorces mélangées hachées
15 ml/1 cuillère à soupe de cerises rouges confites
50 g/2 oz/1/3 tasse d'abricots secs
50 g/2 oz/1/3 tasse de dattes hachées
zeste finement râpé de 1 petite orange
50 g/2 oz/½ tasse de noix hachées
125 g/4 oz/½ tasse de beurre non salé (sucré), fondu
175 g/6 oz/¾ tasse de cassonade foncée
125 g/4 oz/1 tasse de farine auto-levante (auto-levante)
3 petits oeufs

Mettez le sherry et le brandy dans un grand bol à mélanger. Couvrir avec une assiette et cuire à pleine puissance pendant 3 à 4 minutes jusqu'à ce que le mélange commence à peine à bouillonner. Ajouter les épices, la vanille, les 10 ml/2 c. à thé de cassonade, les fruits secs, les écorces mélangées, les cerises, les abricots, les dattes, les écorces d'orange et les noix. Bien mélanger. Couvrir d'une assiette et réchauffer à feu doux Décongeler pendant 15 minutes en remuant quatre fois. Laisser reposer une nuit pour que les saveurs mûrissent. Tapisser étroitement un moule à soufflé de 20 cm de diamètre avec du film alimentaire (pellicule plastique) en le laissant dépasser très légèrement du bord. Incorporer le beurre, la cassonade, la farine et les œufs au mélange à gâteau. Verser dans le plat préparé et recouvrir légèrement de papier absorbant. Cuire sur Defrost pendant 30 minutes, en retournant quatre fois. Laisser reposer au micro-ondes pendant 10 minutes. Froid à tiède, puis transférez délicatement sur une grille en tenant le film alimentaire. Retirez le film alimentaire lorsque le gâteau est froid. Pour conserver, envelopper dans une double épaisseur de papier sulfurisé (ciré), puis envelopper à nouveau dans du papier d'aluminium. Conserver au frais environ 2 semaines avant de recouvrir et glacer.

Gâteau Simnel Rapide

Donne 1 gros gâteau familial

Suivez la recette du gâteau de Noël riche et conservez-le pendant 2 semaines. La veille de servir, coupez le gâteau en deux pour faire deux étages. Badigeonnez les deux côtés coupés de confiture d'abricot fondue (conservée) et le sandwich avec 225–300 g/8–11 oz de pâte d'amande (pâte d'amande) roulé en un rond épais. Décorez le dessus avec des œufs et des poussins de Pâques miniatures achetés en magasin.

Gâteau aux graines

Pour 8 personnes

Un rappel des temps anciens, connu au Pays de Galles sous le nom de gâteau de cisaillement.

225 g/8 oz/2 tasses de farine auto-levante (auto-levante)
125 g/4 oz/½ tasse de beurre ou de margarine
175 g/6 oz/¾ tasse de cassonade légère

zeste finement râpé de 1 citron

10–20 ml/2–4 càc de graines de carvi

10 ml/2 cc de noix de muscade râpée

2 œufs, battus

150 ml/¼ pt/2/3 tasse de lait froid

75 ml/5 cuillères à soupe de sucre glace (pâtisserie) tamisé

10–15 ml/2–3 cuillères à café de jus de citron

Tapisser étroitement le fond et les côtés d'un moule à soufflé de 20 cm de diamètre avec du film alimentaire (pellicule plastique) en le laissant dépasser très légèrement du bord. Tamisez la farine dans un bol et frottez-la avec le beurre ou la margarine. Ajouter la cassonade, le zeste de citron, les graines de carvi et la noix de muscade et mélanger les œufs et le lait à la fourchette pour former une pâte lisse et assez molle. Transférer dans le plat préparé et couvrir lâchement de papier absorbant. Cuire à pleine puissance pendant 7 à 8 minutes, en retournant le plat deux fois jusqu'à ce que le gâteau ait atteint le dessus du plat et que la surface soit parsemée de petits trous. Laisser reposer 6 minutes, puis renverser sur une grille. Lorsqu'il est complètement froid, retirez le film alimentaire, puis retournez le gâteau dans le bon sens. Mélanger le sucre glace et le jus de citron pour faire une pâte épaisse. Répartir sur le dessus du gâteau.

Gâteau aux fruits simple

Pour 8 personnes

225 g/8 oz/2 tasses de farine auto-levante (auto-levante)
10 ml/2 c. à thé mélange d'épices (tarte aux pommes)
125 g/4 oz/½ tasse de beurre ou de margarine
125 g/4 oz/½ tasse de cassonade légère

175 g/6 oz/1 tasse de fruits séchés mélangés (mélange pour gâteau aux fruits)
2 oeufs
75 ml/5 cuillères à soupe de lait froid
75 ml/5 cuillères à soupe de sucre glace

Tapisser étroitement un moule à soufflé de 18 cm de diamètre de film alimentaire (film plastique) en le laissant dépasser très légèrement du bord. Tamisez la farine et les épices dans un bol et frottez-les avec le beurre ou la margarine. Ajouter le sucre et les fruits secs. Battez ensemble les œufs et le lait et versez dans les ingrédients secs en remuant jusqu'à l'obtention d'une consistance lisse et douce avec une fourchette. Verser dans le plat préparé et recouvrir légèrement de papier absorbant. Cuire à pleine puissance pendant 6½ à 7 minutes jusqu'à ce que le gâteau soit bien gonflé et commence tout juste à se décoller du bord du plat. Retirer du micro-ondes et laisser reposer 10 minutes. Transférer sur une grille en tenant le film alimentaire. Lorsqu'il est complètement froid, retirez le film alimentaire et saupoudrez le dessus de sucre glace tamisé.

Gâteau aux dattes et aux noix

Pour 8 personnes

Préparez comme pour le gâteau aux fruits simple, mais remplacez les fruits secs par un mélange de dattes hachées et de noix.

Gâteau à la carotte

Pour 8 personnes

Autrefois appelé gâteau paradisiaque, cette importation transatlantique est avec nous depuis de nombreuses années et ne perd jamais son attrait.

Pour le gâteau :

3–4 carottes, coupées en morceaux

50 g/2 oz/½ tasse de morceaux de noix

50 g/2 oz/½ tasse de dattes hachées en sachet, roulées dans du sucre

175 g/6 oz/¾ tasse de cassonade légère

2 gros œufs, à la température de la cuisine

175 ml/6 fl oz/¾ tasse d'huile de tournesol

5 ml/1 cuillère à café d'essence de vanille (extrait)

30 ml/2 cuillères à soupe de lait froid

150 g/5 oz/1¼ tasse de farine ordinaire (tout usage)

5 ml/1 cuillère à café de levure chimique

4 ml/¾ cuillère à café de bicarbonate de soude (bicarbonate de soude)

5 ml/1 c. à thé mélange d'épices (tarte aux pommes)

Pour le glaçage au fromage à la crème :

175 g/6 oz/¾ tasse de fromage à la crème entier, à la température de la cuisine

5 ml/1 cuillère à café d'essence de vanille (extrait)

75 g/3 oz/½ tasse de sucre glace (de confiserie), tamisé

15 ml/1 cuillère à soupe de jus de citron fraîchement pressé

Pour réaliser le gâteau, badigeonnez d'huile un moule rond pour micro-ondes de 20 cm de diamètre et tapissez le fond de papier sulfurisé antiadhésif. Mettez les carottes et les morceaux de noix dans un mélangeur ou un robot culinaire et faites fonctionner la machine jusqu'à ce que les deux soient grossièrement hachés. Transférer dans un bol et incorporer les dattes, le sucre, les œufs, l'huile, l'essence de vanille et le lait. Tamiser ensemble les ingrédients secs, puis les incorporer au mélange de carottes avec une fourchette. Transférer dans le moule préparé. Couvrez d'un film alimentaire (pellicule plastique) et incisez-le deux fois pour permettre à la vapeur de s'échapper. Cuire à pleine puissance pendant 6 minutes en retournant trois fois. Laisser reposer 15 minutes, puis démouler sur une grille. Retirez le papier. Retourner sur une assiette une fois complètement refroidi.

Pour faire le glaçage au fromage à la crème, battre le fromage jusqu'à consistance lisse. Ajouter le reste des ingrédients et battre légèrement jusqu'à consistance lisse. Étaler en couche épaisse sur le dessus du gâteau.

Gâteau aux panais

Pour 8 personnes

Préparez comme pour le gâteau aux carottes, mais remplacez les carottes par 3 petits panais.

Gateau à la citrouille

Pour 8 personnes

Préparez comme pour le gâteau aux carottes, mais remplacez les carottes par de la citrouille pelée, en laissant un quartier moyen qui devrait donner environ 175 g/6 oz de chair épépinée. Remplacez la cassonade foncée par de la cassonade légère et le piment de la Jamaïque par le mélange d'épices (tarte aux pommes).

Gâteau scandinave à la cardamome

Pour 8 personnes

La cardamome est très utilisée dans la pâtisserie scandinave et ce gâteau est un exemple typique de l'exotisme de l'hémisphère nord. Essayez votre magasin d'alimentation ethnique local si vous avez des difficultés à obtenir de la cardamome moulue.

Pour le gâteau :
175 g/6 oz/1½ tasse de farine auto-levante (auto-levante)
2,5 ml/½ cuillère à café de levure chimique
75 g/3 oz/2/3 tasse de beurre ou de margarine, à la température de la cuisine
75 g/3 oz/2/3 tasse de cassonade légère
10 ml/2 cuillères à café de cardamome moulue
1 oeuf
Lait froid

Pour la garniture :
30 ml/2 cuillères à soupe d'amandes effilées (effilées), grillées
30 ml/2 cuillères à soupe de cassonade légère
5 ml/1 cuillère à café de cannelle moulue

Tapisser un plat profond de 16,5 cm de diamètre avec du film alimentaire (pellicule plastique) en le laissant dépasser très légèrement du bord. Tamiser la farine et la levure chimique dans un bol et incorporer finement le beurre ou la margarine. Ajouter le sucre et la cardamome. Battez l'œuf dans un verre doseur et complétez à 150 ml/¼ pt/2/3 tasse avec du lait. Incorporer les ingrédients secs avec une fourchette jusqu'à ce qu'ils soient bien mélangés, mais éviter de battre.

Verser dans le plat préparé. Mélanger les ingrédients de la garniture et saupoudrer sur le gâteau. Couvrez d'un film alimentaire et incisez-le deux fois pour permettre à la vapeur de s'échapper. Cuire à pleine puissance pendant 4 minutes en retournant deux fois. Laisser reposer 10 minutes, puis transférer délicatement sur une grille en tenant le film alimentaire. Décollez délicatement le film alimentaire lorsque le gâteau est froid.

Pain au thé aux fruits

Donne 8 tranches

225 g/8 oz/1 1/3 tasses de fruits séchés mélangés (mélange pour gâteau aux fruits)
100 g/3½ oz/½ tasse de cassonade foncée
30 ml/2 cuillères à soupe de thé noir fort froid
100 g/4 oz/1 tasse de farine complète auto-levante (auto-levante)
5 ml/1 cuillère à café de piment de la Jamaïque moulu
1 œuf, à température de la cuisine, battu
8 amandes entières émondées
30 ml/2 cuillères à soupe de sirop doré (maïs léger)
Beurre, à tartiner

Tapisser étroitement le fond et les côtés d'un moule à soufflé de 15 cm de diamètre avec du film alimentaire (pellicule plastique) en le laissant dépasser très légèrement sur le côté. Mettez les fruits, le sucre et le thé dans un bol, couvrez d'une assiette et faites cuire à pleine puissance pendant 5 minutes. Incorporer la farine, le piment de la Jamaïque et l'œuf à la fourchette, puis transférer dans le plat préparé. Disposer les amandes dessus. Couvrir lâchement d'essuie-tout et cuire en mode décongélation pendant 8 à 9 minutes jusqu'à ce que le gâteau soit bien gonflé et commence à se détacher des parois du plat. Laisser reposer 10 minutes, puis transférer sur une grille en tenant le film alimentaire. Réchauffez le sirop dans une tasse en décongelant pendant 1 minute et demie. Retirez le film alimentaire du gâteau et badigeonnez le dessus avec le sirop réchauffé. Servir tranché et beurré.

Gâteau-sandwich Victoria

Pour 8 personnes

175 g/6 oz/1½ tasse de farine auto-levante (auto-levante)
175 g/6 oz/¾ tasse de beurre ou de margarine, à la température de la cuisine
175 g/6 oz/¾ tasse de sucre en poudre (superfin)
3 oeufs, à température de la cuisine
45 ml/3 cuillères à soupe de lait froid
45 ml/3 cs de confiture (conserver)
120 ml / 4 fl oz / ½ tasse de crème double (lourde) ou à fouetter, fouettée
Sucre glace (de confiserie), tamisé, pour saupoudrer

Tapisser les fonds et les côtés de deux plats peu profonds de 20 cm de diamètre avec du film alimentaire (pellicule plastique) en le laissant dépasser très légèrement du bord. Tamiser la farine sur une assiette. Crémer ensemble le beurre ou la margarine et le sucre jusqu'à ce que le mélange soit léger et mousseux et la consistance de la crème fouettée. Battre les œufs un à la fois en ajoutant 15 ml/1 cuillère à soupe de farine pour chacun. Incorporer le reste de farine en alternance avec le lait à l'aide d'une grande cuillère en métal. Répartir également dans les plats préparés. Couvrir lâchement de papier absorbant. Cuire un à la fois à pleine puissance pendant 4 minutes. Laisser refroidir à tiède, puis renverser sur une grille. Décoller le film alimentaire et laisser jusqu'à complet refroidissement. Sandwichez avec la confiture et la crème fouettée et saupoudrez le dessus de sucre glace avant de servir.

Gâteau aux noix

Pour 8 personnes

175 g/6 oz/1½ tasse de farine auto-levante (auto-levante)
175 g/6 oz/¾ tasse de beurre ou de margarine, à la température de la cuisine
5 ml/1 cuillère à café d'essence de vanille (extrait)
175 g/6 oz/¾ tasse de sucre en poudre (superfin)
3 oeufs, à température de la cuisine
50 g/2 oz/½ tasse de noix, hachées finement
45 ml/3 cuillères à soupe de lait froid
2 quantités de glaçage à la crème au beurre
16 moitiés de noix, pour décorer

Tapisser les fonds et les côtés de deux plats peu profonds de 20 cm de diamètre avec du film alimentaire (pellicule plastique) en le laissant dépasser très légèrement du bord. Tamiser la farine sur une assiette. Crémer ensemble le beurre ou la margarine, l'essence de vanille et le sucre jusqu'à ce que le mélange soit léger et mousseux et la consistance de la crème fouettée. Battre les œufs un à la fois en ajoutant 15 ml/1 cuillère à soupe de farine pour chacun. À l'aide d'une grande cuillère en métal, incorporer les noix avec le reste de farine en alternance avec le lait. Répartir également dans les plats préparés.

Couvrir lâchement de papier absorbant. Cuire un à la fois à pleine puissance pendant 4½ minutes. Laisser refroidir à tiède, puis renverser sur une grille. Décoller le film alimentaire et laisser jusqu'à complet refroidissement. Sandwich avec la moitié du glaçage (glaçage) et garnir le gâteau avec le reste.

Gâteau Caroube

Pour 8 personnes

Préparez comme pour le Victoria Sandwich Cake mais remplacez 25 g/1 oz/¼ tasse de farine de maïs (amidon de maïs) et 25 g/1 oz/¼ tasse de poudre de caroube par 50 g/2 oz/½ tasse de farine. Sandwich accompagné de crème et/ou de fruits en conserve ou frais. Ajoutez 5 ml/1 cuillère à café d'essence de vanille (extrait) aux ingrédients de la crème, si vous le souhaitez.

Gâteau au chocolat facile

Pour 8 personnes

Préparez comme pour le Victoria Sandwich Cake, mais remplacez 25 g/1 oz/¼ tasse de farine de maïs (amidon de maïs) et 25 g/1 oz/¼ tasse de poudre de cacao (chocolat non sucré) par 50 g/2 oz/½ tasse de farine. Sandwich avec crème et/ou pâte à tartiner au chocolat.

Gateau au amandes

Pour 8 personnes

Préparez comme pour le Victoria Sandwich Cake, mais substituez 40 g/1½ oz/3 cuillères à soupe d'amandes moulues pour la même quantité de farine. Aromatisez les ingrédients de la crème avec 2,5–5 ml/½–1 c. à thé d'essence d'amande (extrait). Sandwich avec de la confiture d'abricot onctueuse (conserve) et une fine rondelle de pâte d'amande (pâte d'amande).

Gâteau-sandwich Victoria

Pour 8 personnes

Préparez comme pour le Victoria Sandwich Cake ou l'une des variantes. Sandwich avec crème ou glaçage à la crème au beurre (glaçage) et/ou confiture (conserve), pâte à tartiner au chocolat, beurre de cacahuète, crème d'orange ou de citron, marmelade d'orange, garniture aux fruits en conserve, miel ou massepain (pâte d'amande). Enduisez le dessus et les côtés de crème ou de glaçage à la crème au beurre. Décorez avec des fruits frais ou confits, des noix ou des dragées. Pour un gâteau encore plus riche, divisez par deux chaque couche cuite pour obtenir un total de quatre couches avant de garnir.

Gâteau éponge au thé de la pépinière

Donne 6 tranches

75 g/3 oz/2/3 tasse de sucre en poudre (superfin)
3 oeufs, à température de la cuisine
75 g/3 oz/¾ tasse de farine ordinaire (tout usage)
90 ml/6 cuillères à soupe de crème double (épaisse) ou à fouetter,
fouettée
45 ml/3 cs de confiture (conserver)
Sucre semoule (surfin), pour saupoudrer

Tapisser le fond et les côtés d'un moule à soufflé de 18 cm de diamètre de film alimentaire (film plastique) en le laissant dépasser très légèrement du bord. Mettez le sucre dans un bol et réchauffez, à découvert, sur Décongeler pendant 30 secondes. Ajouter les œufs et battre jusqu'à ce que le mélange mousse et épaississe jusqu'à la consistance d'une crème fouettée. Couper et incorporer délicatement et légèrement la farine à l'aide d'une cuillère en métal. Ne pas battre ni remuer. Lorsque les ingrédients sont bien mélangés, transférer dans le plat préparé. Couvrir lâchement d'essuie-tout et cuire à pleine puissance pendant 4 minutes. Laisser reposer 10 minutes, puis transférer sur une grille en tenant le film alimentaire. A froid, décoller le film alimentaire. Couper en deux et en sandwich avec la crème et la confiture. Saupoudrer le dessus de sucre semoule avant de servir.

Génoise au citron

Donne 6 tranches

Préparez comme pour la génoise Nursery Tea, mais ajoutez 10 ml/2 c. à thé de zeste de citron finement râpé au mélange d'œufs et de sucre réchauffé juste avant d'ajouter la farine. Sandwich avec crème au citron et crème épaisse.

Gâteau éponge à l'orange

Donne 6 tranches

Préparez comme pour la génoise Nursery Tea, mais ajoutez 10 ml/2 c. à thé de zeste d'orange finement râpé au mélange d'œufs et de sucre réchauffé juste avant d'ajouter la farine. Sandwich avec pâte à tartiner au chocolat et crème épaisse.

Gâteau au café expresso

Pour 8 personnes

250 g/8 oz/2 tasses de farine auto-levante (auto-levante)
15 ml/1 cuillère à soupe/2 sachets de poudre de café expresso instantané
125 g/4 oz/½ tasse de beurre ou de margarine
125 g/4 oz/½ tasse de cassonade foncée
2 oeufs, à température de la cuisine
75 ml/5 cuillères à soupe de lait froid

Tapisser le fond et les côtés d'un moule à soufflé de 18 cm de diamètre de film alimentaire (pellicule plastique) en le laissant dépasser très légèrement du bord. Tamisez la farine et la poudre de café dans un bol et frottez-les avec le beurre ou la margarine. Ajouter le sucre. Bien battre les œufs et le lait, puis mélanger uniformément aux ingrédients secs avec une fourchette. Verser dans le plat préparé et recouvrir légèrement de papier absorbant. Cuire à pleine puissance pendant 6½ à 7 minutes jusqu'à ce que le gâteau soit bien gonflé et commence tout juste à se décoller du bord du plat. Laisser reposer 10 minutes. Transférer sur une grille en tenant le film alimentaire. Lorsqu'il est complètement froid, retirez le film alimentaire et conservez le gâteau dans une boîte hermétique.

Gâteau au café expresso glacé à l'orange

Pour 8 personnes

Préparez le gâteau au café expresso. Environ 2 heures avant de servir, préparez un glaçage glacé épais (glaçage) en mélangeant 175 g/6 oz/1 tasse de sucre glace (pâtisserie) avec suffisamment de jus d'orange pour former un glaçage pâteux. Répartir sur le dessus du gâteau, puis décorer avec du chocolat râpé, des noix hachées, des centaines et des milliers, etc.

Tarte à la crème au café expresso

Pour 8 personnes

Préparez le gâteau au café expresso et coupez-le en deux couches. Fouetter 300 ml/½ pt/1¼ tasse de crème double (épaisse) avec 60 ml/4 cuillères à soupe de lait froid jusqu'à épaississement. Sucrez avec 45 ml/3 cuillères à soupe de sucre semoule (superfin) et aromatisez à votre goût avec de la poudre de café expresso. Utilisez-en quelques-unes pour prendre les couches en sandwich, puis étalez le reste en couche épaisse sur le dessus et les côtés du gâteau. Parsemer le dessus de noisettes.

Petits Gâteaux Aux Raisins

Donne 12

125 g/4 oz/1 tasse de farine auto-levante (auto-levante)
50 g/2 oz/¼ tasse de beurre ou de margarine
50 g/2 oz/¼ tasse de sucre en poudre (superfin)
30 ml/2 cuillères à soupe de raisins secs
1 oeuf
30 ml/2 cuillères à soupe de lait froid
2,5 ml/½ cuillère à café d'essence de vanille (extrait)
Sucre glace (de confiserie), pour saupoudrer

Tamiser la farine dans un bol et frotter finement le beurre ou la margarine. Ajouter le sucre et les raisins secs. Battre l'œuf avec le lait et l'essence de vanille et incorporer les ingrédients secs à la fourchette en mélangeant sans fouetter pour obtenir une pâte molle. Répartir entre

12 moules à gâteaux en papier (papiers à cupcakes) et en placer six à la fois sur le plateau tournant du micro-ondes. Couvrir lâchement de papier absorbant. Cuire à plein pendant 2 minutes. Transférer sur une grille pour refroidir. Saupoudrer de sucre glace tamisé à froid. conserver dans une caisse hermétiquement fermée.

Cupcakes à la noix de coco

Donne 12

Préparez comme pour les cupcakes aux raisins secs, mais remplacez les raisins secs par 25 ml/1½ c. à soupe de noix de coco déshydratée (râpée) et augmentez la quantité de lait à 25 ml/1½ c.

Gâteaux aux pépites de chocolat

Donne 12

Préparez comme pour les cupcakes aux raisins secs, mais remplacez les raisins secs par 30 ml/2 c. à soupe de pépites de chocolat.

Gâteau aux épices à la banane

Pour 8 personnes

3 grosses bananes mûres
175 g/6 oz/¾ tasse d'un mélange de margarine et de graisse de cuisson
blanche (shortening), à la température de la cuisine
175 g/6 oz/¾ tasse de cassonade foncée
10 ml / 2 cuillères à café de levure chimique
5 ml/1 cuillère à café de piment de la Jamaïque moulu
225 g/8 oz/2 tasses de farine brune maltée, comme le grenier
1 gros oeuf, battu
15 ml/1 cuillère à soupe de noix de pécan hachées
100 g/4 oz/2/3 tasse de dattes hachées

Tapisser étroitement le fond et les côtés d'un moule à soufflé de 20 cm de diamètre avec du film alimentaire (pellicule plastique) en le laissant dépasser très légèrement du bord. Pelez les bananes et écrasez-les soigneusement dans un bol. Incorporer les deux graisses. Mélanger le sucre. Mélanger la levure chimique et le piment de la Jamaïque avec la farine. Incorporer au mélange de bananes avec l'œuf, les noix et les dattes à l'aide d'une fourchette. Étendre doucement dans le plat préparé. Couvrir lâchement d'essuie-tout et cuire à pleine puissance pendant 11 minutes en retournant le plat trois fois. Laisser reposer 10 minutes. Transférer sur une grille en tenant le film alimentaire. Laisser refroidir complètement, puis retirer le film alimentaire et conserver le gâteau dans une boite hermétique.

Gâteau aux épices à la banane avec glaçage à l'ananas

Pour 8 personnes

Préparez le gâteau aux épices à la banane. Environ 2 heures avant de servir, recouvrez le gâteau d'un épais glaçage glacé (glaçage) obtenu en tamisant 175 g/6 oz/1 tasse de sucre glace (pâtissier) dans un bol et en mélangeant pour obtenir un glaçage pâteux avec quelques gouttes de jus d'ananas. Une fois pris, décorer avec des chips de bananes séchées.

Glaçage à la crème au beurre

Donne 225 g/8 oz/1 tasse

75 g/3 oz/1/3 tasse de beurre, à la température de la cuisine
175 g/6 oz/1 tasse de sucre glace (de confiserie), tamisé
10 ml/2 cuillères à café de lait froid
5 ml/1 cuillère à café d'essence de vanille (extrait)

Sucre glace (de confiserie), pour saupoudrer (facultatif)

Battre le beurre jusqu'à ce qu'il soit léger, puis incorporer progressivement le sucre jusqu'à ce qu'il soit léger, mousseux et doublé de volume. Incorporer le lait et l'essence de vanille et battre le glaçage (glaçage) jusqu'à consistance lisse et épaisse.

Glaçage au fudge au chocolat

Donne 350 g/12 oz/1½ tasse

Un glaçage à l'américaine (glaçage) qui est utile pour garnir n'importe quel gâteau ordinaire.

30 ml/2 cuillères à soupe de beurre ou de margarine
60 ml/4 cuillères à soupe de lait
30 ml/2 cuillères à soupe de poudre de cacao (chocolat non sucré)
5 ml/1 cuillère à café d'essence de vanille (extrait)
300 g/10 oz/12/3 tasses de sucre glace (à glacer), tamisé

Mettre le beurre ou la margarine, le lait, le cacao et l'essence de vanille dans un bol. Cuire, à découvert, sur Décongeler pendant 4 minutes jusqu'à ce qu'il soit chaud et que la graisse ait fondu. Incorporer le sucre glace tamisé jusqu'à ce que le glaçage soit lisse et assez épais. Utilisez tout de suite.

Quartiers de santé aux fruits

Donne 8

100 g/3½ oz de rondelles de pommes séchées
75 g/3 oz/¾ tasse de farine complète auto-levante
75 g/3 oz/¾ tasse de flocons d'avoine
75 g/3 oz/2/3 tasse de margarine
75 g/3 oz/2/3 tasse de cassonade foncée
6 pruneaux de Californie, hachés

Faire tremper les rondelles de pomme dans l'eau pendant une nuit. Tapisser étroitement le fond et les côtés d'un plat peu profond de 18 cm de diamètre avec du film alimentaire (pellicule plastique), en le laissant dépasser très légèrement du bord. Mettez la farine et les flocons d'avoine dans un bol, ajoutez la margarine et frottez finement du bout des doigts. Incorporer le sucre pour faire un mélange friable. Étaler la moitié sur le fond du plat préparé. Égoutter et hacher les rondelles de pomme. Appuyez doucement avec les pruneaux sur le mélange de flocons d'avoine. Saupoudrer le reste du mélange de flocons d'avoine uniformément sur le dessus. Cuire, à découvert, à pleine puissance pendant 5½ à 6 minutes. Laisser refroidir complètement dans le plat. Soulevez en tenant le film alimentaire, puis décollez le film alimentaire et coupez-le en quartiers. conserver dans une caisse hermétiquement fermée.

Quartiers de santé fruités aux abricots

Donne 8

Préparez-vous comme pour les Fruited Health Wedges, mais remplacer les pruneaux par 6 abricots secs bien lavés.

sables

Donne 12 quartiers

225 g/8 oz/1 tasse de beurre non salé (doux), à la température de la cuisine
125 g/4 oz/½ tasse de sucre en poudre (superfin), plus un supplément pour saupoudrer
350 g/12 oz/3 tasses de farine ordinaire (tout usage)

Graisser et fondre un plat profond de 20 cm de diamètre. Crémer ensemble le beurre et le sucre jusqu'à consistance légère et mousseuse, puis incorporer la farine jusqu'à consistance lisse et homogène. Étaler doucement dans le plat préparé et piquer partout avec une fourchette. Cuire, à découvert, sur décongeler pendant 20 minutes. Sortir du four à micro-ondes et saupoudrer de 15 ml/1 cuillère à soupe de sucre semoule. Couper en 12 pointes lorsqu'elles sont encore légèrement chaudes. Transférer délicatement sur une grille et laisser refroidir complètement. conserver dans une caisse hermétiquement fermée.

Sablés extra croustillants

Donne 12 quartiers

Préparez comme pour les sablés, mais remplacez 25 g/1 oz/¼ tasse de semoule (crème de blé) par 25 g/1 oz/¼ tasse de farine.

Sablés Extra Onctueux

Donne 12 quartiers

Préparez comme pour les sablés, mais remplacez 25 g/1 oz/¼ tasse de farine de maïs (amidon de maïs) par 25 g/1 oz/¼ tasse de farine.

Sablé Épicé

Donne 12 quartiers

Préparez comme pour les sablés, mais tamisez 10 ml/2 c. à thé d'épices mélangées (tarte aux pommes) avec la farine.

Sablés à la hollandaise

Donne 12 quartiers

Préparez comme pour les sablés, mais substituez de la farine auto-levante (auto-levante) à la farine ordinaire et tamisez 10 ml/2 c. à thé de cannelle moulue avec la farine. Avant la cuisson, badigeonnez le dessus avec 15–30 ml/1–2 c. à soupe de crème, puis appuyez délicatement sur des amandes effilées (effilées) légèrement grillées.

Boules de cannelle

Donne 20

Une spécialité de la fête de la Pâque, croisement entre un biscuit (cookie) et un gâteau, qui semble mieux se comporter au micro-ondes qu'en cuisson conventionnelle.

2 gros blancs d'œufs
125 g/4 oz/½ tasse de sucre en poudre (superfin)
30 ml/2 cuillères à soupe de cannelle moulue
225 g/8 oz/2 tasses d'amandes moulues

Sucre glace (de confiserie) tamisé

Fouetter les blancs d'œufs jusqu'à ce qu'ils commencent à mousser, puis incorporer le sucre, la cannelle et les amandes. Avec les mains humides, rouler en 20 boules. Disposer en deux anneaux, l'un juste à l'intérieur de l'autre, autour du bord d'une grande assiette plate. Cuire, à découvert, sur Full pendant 8 minutes en retournant la plaque quatre fois. Laisser refroidir à peine chaud, puis rouler dans le sucre glace jusqu'à ce que chacun soit bien enrobé. Laisser refroidir complètement et conserver dans un récipient hermétique.

Golden Brandy Snaps

Donne 14

Assez difficiles à réaliser de manière conventionnelle, celles-ci fonctionnent comme un rêve au micro-ondes.

50 g/2 oz/¼ tasse de beurre
50 g/2 oz/1/6 tasse de sirop doré (maïs léger)
40 g/1½ oz/3 cuillères à soupe de sucre semoule doré
40 g/1½ oz/1½ cuillère à soupe de farine brune maltée, type grenier
2,5 ml/½ cuillère à café de gingembre moulu

150 ml/¼ pt/2/3 tasse de crème double (épaisse) ou à fouetter, fouettée

Mettez le beurre dans un plat et faites-le fondre, à découvert, sur Décongeler pendant 2 à 2 minutes et demie. Ajouter le sirop et le sucre et bien mélanger. Cuire, à découvert, à pleine puissance pendant 1 minute. Incorporer la farine et le gingembre. Placez quatre cuillerées de 5 ml/1 cuillère à café du mélange très bien espacées directement sur le verre micro-ondes ou le plateau tournant en plastique. Cuire à pleine puissance pendant 1 ½ à 1 ¾ minutes jusqu'à ce que les cognacs commencent à brunir et à ressembler à de la dentelle sur le dessus. Soulevez délicatement le plateau tournant du micro-ondes et laissez reposer les biscuits (cookies) pendant 5 minutes. Soulevez chacun à son tour à l'aide d'un couteau à palette. Rouler autour du manche d'une grande cuillère en bois. Appuyez sur les joints du bout des doigts et faites glisser jusqu'à l'extrémité du bol de la cuillère. Répéter avec les trois biscuits restants. Lorsqu'ils sont pris, retirez-les de la poignée et transférez-les sur une grille de refroidissement en fil métallique. Répéter jusqu'à épuisement du mélange restant. Conserver dans une boîte hermétique. Avant de manger, versez de la crème épaisse dans les deux extrémités de chaque cognac et mangez le jour même car ils ramollissent au repos.

Chocolat Brandy Snaps

Donne 14

Préparez comme pour les Golden Brandy Snaps. Avant de garnir de crème, disposer sur une plaque à pâtisserie et badigeonner la surface supérieure de chocolat noir ou blanc fondu. Laisser prendre puis ajouter la crème.

Scones au petit pain

Donne environ 8

A mi-chemin entre un bun et un scone, ils sont exceptionnellement légers et constituent une délicieuse friandise à manger encore chaud, tartiné de beurre et d'un choix de confiture (conserve) ou de miel de bruyère.

225 g/8 oz/2 tasses de farine complète
5 ml/1 cuillère à café de crème de tartre
5 ml/1 cuillère à café de bicarbonate de soude (bicarbonate de soude)
1,5 ml/¼ cuillère à café de sel
20 ml/4 cuillères à café de sucre en poudre (surfin)
25 g/1 oz/2 cuillères à soupe de beurre ou de margarine
*150 ml/¼ pt/2/3 tasse de babeurre, ou remplacer par un mélange
moitié yaourt nature et moitié lait écrémé si indisponible*
Œuf battu, pour badigeonner
*Supplémentaire 5 ml/1 cuillère à café de sucre mélangé avec 2,5 ml/½
cuillère à café de cannelle moulue, pour saupoudrer*

Tamisez ensemble la farine, la crème de tartre, le bicarbonate de soude et le sel dans un bol. Incorporer le sucre et frotter finement le beurre ou la margarine. Ajouter le babeurre (ou substitut) et mélanger à la fourchette pour former une pâte assez molle. Démoulez sur une surface farinée et pétrissez rapidement et légèrement jusqu'à consistance lisse. Tapoter uniformément à 1 cm/½ po d'épaisseur, puis couper en rondelles avec un emporte-pièce de 5 cm/2 po. Reroulez les parures et continuez à couper en rondelles. Disposer sur le pourtour d'une assiette plate beurrée de 25 cm/10 po. Badigeonner d'œuf et saupoudrer du mélange sucre et cannelle. Cuire, à découvert, sur Full pendant 4 minutes en retournant la plaque quatre fois. Laisser reposer 4 minutes, puis transférer sur une grille. Dégustez encore chaud.

Scones aux petits pains aux raisins

Donne environ 8

Préparez comme pour les Bun Scones, mais ajoutez 15 ml/1 c. à soupe de raisins secs avec le sucre.

Pains

Tout liquide utilisé dans les pains à la levure doit être tiède, ni chaud ni froid. La meilleure façon d'atteindre la bonne température est de mélanger un liquide à moitié bouillant avec un liquide à moitié froid. S'il est encore chaud lorsque vous trempez la deuxième jointure de votre petit doigt, refroidissez-le légèrement avant utilisation. Un liquide trop chaud est plus problématique qu'un liquide trop froid car il peut tuer la levure et empêcher le pain de lever.

Pâte à pain blanche de base

Donne 1 pain

Une pâte à pain rapide pour ceux qui aiment cuisiner mais qui manquent de temps.

450 g/1 lb/4 tasses de farine ordinaire forte (pain)
5 ml/1 cuillère à café de sel
1 sachet de levure sèche facile à mélanger
30 ml/2 cuillères à soupe de beurre, de margarine, de graisse de cuisson blanche (shortening) ou de saindoux
300 ml/½ pt/1¼ tasse d'eau tiède

Tamiser la farine et le sel dans un bol. Chaud, à découvert, sur Décongeler pendant 1 minute. Ajouter la levure et frotter dans la graisse. Mélanger en pâte avec l'eau. Pétrir sur une surface farinée jusqu'à consistance lisse, élastique et non collante. Remettre dans le bol nettoyé et séché mais maintenant légèrement graissé. Couvrez le bol lui-même, pas la pâte, avec un film alimentaire (pellicule plastique) et incisez-le deux fois pour permettre à la vapeur de s'échapper. Réchauffer sur décongeler pendant 1 minute. Laisser reposer au micro-ondes pendant 5 minutes. Répétez trois ou quatre fois jusqu'à ce que la pâte ait doublé de volume. Re-pétrir rapidement, puis utiliser comme dans les recettes conventionnelles ou dans les recettes micro-ondes ci-dessous.

Pâte à pain brune de base

Donne 1 pain

Suivez la recette de la pâte à pain blanche de base, mais à la place de la farine à pain forte (ordinaire), utilisez l'une des options suivantes :
- moitié farine blanche et moitié farine complète
- toutes les farines complètes
- moitié farine complète maltée et moitié farine blanche
-

Pâte à pain au lait de base

Donne 1 pain

Suivez la recette de la pâte à pain blanche de base, mais à la place de l'eau, utilisez l'une des préparations suivantes :
- tout lait écrémé
- moitié lait entier et moitié eau

Pain Bap

Donne 1 pain

Un pain à croûte molle et pâle, plus consommé dans le nord de la Grande-Bretagne que dans le sud.

Préparez soit la pâte à pain blanche de base, la pâte à pain brune de base ou la pâte à pain au lait de base. Pétrir rapidement et légèrement après la première levée, puis façonner en un boudin d'environ 5 cm d'épaisseur. Dresser sur une assiette plate ronde beurrée et farinée. Couvrir d'essuie-tout et réchauffer sur Décongeler pendant 1 minute. Laisser reposer 4 minutes. Répétez trois ou quatre fois jusqu'à ce que la pâte ait doublé de volume. Saupoudrer de farine blanche ou brune. Cuire, à découvert, à pleine puissance pendant 4 minutes. Refroidir sur une grille.

Rouleaux de bap

Donne 16

Préparez soit la pâte à pain blanche de base, la pâte à pain brune de base ou la pâte à pain au lait de base. Pétrissez rapidement et légèrement après la première levée, puis divisez également en 16 morceaux. Façonner en ronds plats. Disposez huit baps autour du bord de chacune des deux assiettes graissées et farinées. Couvrir d'essuie-tout et cuire, une assiette à la fois, sur Décongeler pendant 1 minute, puis reposer pendant 4 minutes, et répéter trois ou quatre fois jusqu'à ce que les rouleaux aient doublé de volume. Saupoudrer de farine blanche ou brune. Cuire, à découvert, à pleine puissance pendant 4 minutes. Refroidir sur une grille.

Pains à hamburger

Donne 12

Préparez comme pour les Bap Rolls, mais divisez la pâte en 12 morceaux au lieu de 16. Placez six petits pains autour du bord de chacune des deux assiettes et faites cuire comme indiqué.

Petits pains sucrés aux fruits

Donne 16

Préparez comme pour les Bap Rolls, mais ajoutez 60 ml/4 c. à soupe de raisins secs et 30 ml/2 c. à soupe de sucre semoule (superfin) aux ingrédients secs avant d'incorporer le liquide.

Splits de Cornouailles

Donne 16

Préparez comme pour les Bap Rolls, mais ne saupoudrez pas le dessus de farine avant la cuisson. Couper en deux à froid et garnir de crème épaisse ou de crème caillée et de confiture de fraises ou de framboises (conserver). Saupoudrer abondamment le dessus de sucre glace tamisé. Mangez le jour même.

Rouleaux fantaisie

Donne 16

Préparez soit la pâte à pain blanche de base, la pâte à pain brune de base ou la pâte à pain au lait de base. Pétrissez rapidement et légèrement après la première levée, puis divisez également en 16 morceaux. Façonner quatre morceaux en rouleaux ronds et couper une fente sur le dessus de chacun. Roulez quatre morceaux en cordes, chacune de 20 cm/8 po de long, et faites un nœud. Façonner quatre morceaux de petits pains viennois et faire trois incisions diagonales sur chacun. Divisez chacun des quatre morceaux restants en trois, roulez-les en cordes étroites et tressez-les ensemble. Disposer tous les rouleaux sur une plaque à pâtisserie graissée et farinée et laisser au chaud jusqu'à ce qu'ils aient doublé de volume. Badigeonnez les dessus d'œuf et faites cuire de manière conventionnelle à 230 °C/450 °F/thermostat 8 pendant 15 à 20 minutes. Retirer du four et transférer les rouleaux sur une grille. Conserver dans un contenant hermétique lorsqu'il est froid.

Petits pains avec garnitures

Donne 16

Préparez comme pour les Fancy Rolls. Après avoir badigeonné le dessus des petits pains avec de l'œuf, saupoudrer de l'un des éléments suivants : graines de pavot, graines de sésame grillées, graines de fenouil, porridge d'avoine, blé concassé, fromage à pâte dure râpé, gros sel de mer, sels d'assaisonnement aromatisés.

Pain aux Graines de Carvi

Donne 1 pain

Préparez la pâte à pain brune de base en ajoutant 10 à 15 ml/2 à 3 c. à thé de graines de carvi aux ingrédients secs avant de les incorporer au liquide. Pétrissez légèrement après la première levée, puis formez une boule. Mettre dans un plat rond graissé à bord droit de 450 ml/¾ pt/2 tasse. Couvrir d'essuie-tout et réchauffer sur Décongeler pendant 1 minute. Laisser reposer 4 minutes. Répétez trois ou quatre fois jusqu'à ce que la pâte ait doublé de volume. Badigeonner d'œuf battu et saupoudrer de gros sel et/ou de graines de carvi supplémentaires. Couvrir d'un papier absorbant et cuire à pleine puissance pendant 5 minutes en retournant le plat une fois. Cuire à plein pendant 2 minutes supplémentaires. Laisser reposer 15 minutes, puis démouler délicatement sur une grille.

Pain de seigle

Donne 1 pain

Préparez la Pâte à Pain Brune de Base en utilisant moitié farine complète et moitié farine de seigle. Cuire au four comme pour le pain Bap.

Pain à l'huile

Donne 1 pain

Préparez soit la pâte à pain blanche de base, soit la pâte à pain brune de base, mais remplacez les autres matières grasses par de l'huile d'olive, de noix ou de noisette. Si la pâte reste sur le côté collant, travailler dans un peu de farine supplémentaire. Cuire comme pour le pain Bap.

pain Italien

Donne 1 pain

Préparez la pâte à pain blanche de base, mais remplacez les autres matières grasses par de l'huile d'olive et ajoutez 15 ml/1 cuillère à soupe de pesto rouge et 10 ml/2 cuillères à café de purée de tomates séchées (pâte) aux ingrédients secs avant d'incorporer le liquide. Cuire comme pour le Bap Loaf, en laissant 30 secondes supplémentaires.

Pain Espagnol

Donne 1 pain

Préparez la Pâte à Pain Blanche de Base, mais remplacez les autres matières grasses par de l'huile d'olive et ajoutez 30 ml/2 cuillères à soupe d'oignons séchés (à l'état sec) et 12 olives farcies hachées aux ingrédients secs avant d'incorporer le liquide. Cuire comme pour le Bap Loaf, en laissant 30 secondes supplémentaires.

Pain Tikka Masala

Donne 1 pain

Préparez la pâte à pain blanche de base, mais remplacez les autres matières grasses par du ghee fondu ou de l'huile de maïs et ajoutez 15 ml / 1 cuillère à soupe de mélange d'épices tikka et les graines de 5 gousses de cardamome verte aux ingrédients secs avant d'incorporer le liquide. Cuire comme pour le Bap Loaf, en laissant 30 secondes supplémentaires.

Pain au Malt Fruité

Donne 2 pains

450 g/1 lb/4 tasses de farine ordinaire forte (pain)
10 ml/2 cuillères à café de sel
1 sachet de levure sèche facile à mélanger
60 ml/4 cuillères à soupe de mélange de groseilles et de raisins secs
60 ml/4 cuillères à soupe d'extrait de malt
15 ml/1 cuillère à soupe de mélasse noire (mélasse)
25 g/1 oz/2 cuillères à soupe de beurre ou de margarine
45 ml/3 cuillères à soupe de lait écrémé tiède
150 ml/¼ pt/2/3 tasse d'eau tiède
Beurre, à tartiner

Tamiser la farine et le sel dans un bol. Incorporer la levure et les fruits secs. Mettez l'extrait de malt, la mélasse et le beurre ou la margarine dans un petit bassin. Faire fondre, à découvert, sur Décongeler pendant 3 minutes. Ajouter à la farine avec le lait et assez d'eau pour faire une pâte molle mais non collante. Pétrir sur une surface farinée jusqu'à consistance lisse, élastique et non collante. Diviser en deux morceaux égaux. Façonner chacun pour s'adapter à un plat rond ou rectangulaire graissé de 900 ml/1½ pt/3¾ tasse. Couvrez les plats, pas la pâte, avec du film alimentaire (pellicule plastique) et incisez-le deux fois pour permettre à la vapeur de s'échapper. Réchauffez ensemble sur Décongeler pendant 1 minute. Laisser reposer 5 minutes. Répétez trois ou quatre fois jusqu'à ce que la pâte ait doublé de volume. Retirez le film alimentaire. Placez les plats côte à côte au micro-ondes et faites cuire, à découvert, sur Full pendant 2 minutes. Inversez la position des plats et laissez cuire encore 2 minutes. Répétez une fois de plus. Laisser reposer 10 minutes. Retourner sur une grille. Conserver dans un récipient hermétique lorsqu'il est complètement froid. Laisser reposer 1 jour avant de trancher et tartiner de beurre.

www.ingramcontent.com/pod-product-compliance
Lightning Source LLC
Chambersburg PA
CBHW050344120526
44590CB00015B/1558